AF589935

DISCOURS

DANS LEQUEL ON EXAMINE LES DEUX QUESTIONS SUIVANTES :

1°. *Un Monarque a-t-il le droit de changer de ſon Chef une Conſtitution évidemment vicieuſe ?*

2°. *Eſt-il prudent à lui, eſt-il de ſon intérêt de l'entreprendre ?*

SUIVI

DE RÉFLEXIONS PRATIQUES.

Par le C. de WINDISCH-GRÆTZ.

1789.

DISCOURS

DANS LEQUEL ON EXAMINE LES DEUX QUESTIONS SUIVANTES :

1°. *Un Monarque a-t-il le droit de changer de ſon chef une Conſtitution évidemment vicieuſe?*

2°. *Eſt-il prudent à lui, eſt-il de ſon intérêt de l'entreprendre?*

TOUT pouvoir d'un Homme ſur un autre Homme ſuppoſe une convention. Prétendre que la Majeſté vient immédiatement de Dieu, eſt une erreur qui ne va plus au ſiècle dans lequel nous vivons.

La Puiſſance Souveraine, ſoit qu'elle ſe trouve entre les mains d'un ſeul ou de pluſieurs, pour être légale, doit avoir été tranſmiſe à ceux qui l'exercent, par le Corps de la Nation immédiatement, ou médiatement par un Pouvoir quelconque antérieur légal. La Force & par conféquent les Conquêtes ne donnent pas de droit. La Prefcription n'en donne pas non plus au Souverain contre le Peuple. La Prefcription n'a d'effets que par les Loix & dans l'Etat Civil, c'eft-à-dire entre Citoyens. Elle ne peut pas rendre valides des ufurpations. On n'admet pas de prefcription, même dans l'Etat Civil, contre le Prince; comment en admettroit-on une contre la Nation entière ?

La Puiffance Souveraine, dit-on, peut avoir été tranfmife par la Nation, finon d'une manière expreffe, du moins tacitement : je le nie. Le confentement tacite peut fuffire de la part des Succeffeurs des premiers Contractans : mais dans l'origine il faut, pour que le Pouvoir Souverain foit légal, qu'il y ait eu un confentement exprès & bien clairement prononcé.

Le confentement exprès des premiers Contractans ne fuffit pas même pour préfumer le confentement des Succeffeurs. On ne peut pas préfumer de confentement tacite de la part de celui à qui ce confentement feroit défavantageux; & même on ne doit à la rigueur le préfumer en aucun cas, auffi long-tems que des Loix ou des Conventions, connues de ceux dont on le préfume, n'ont pas déterminé de quelle manière ce confentement tacite doit fe manifefter.

Quand notre confentement eft exprès & volontaire, alors, quelque défavantageux qu'il nous foit, il nous lie; nous fommes tenus au Contrat : mais un homme ne peut pas difpofer d'un autre homme, de la liberté, des droits naturels d'un autre homme.

C'eſt une erreur de dire que le Pouvoir des Chefs d'une Nation ſoit fondé ſur un Contrat qui rend ce Pouvoir irrévocable. Il n'eſt pas plus irrévocable que le Pouvoir que les Monarques confient à leurs Miniſtres; mais il ne peut être révoqué que par la Nation en Corps, ou par ceux qui l'ont tranſmis.

Pour qu'il fût irrévocable, il faudroit que cela fût clairement exprimé dans le Contrat-ſocial : il faudroit donc qu'il y eût un Contrat réel, non fictice. Ainſi, dans les Pays ſans Conſtitution, ce Pouvoir eſt manifeſtement révocable : mais plus les Loix Fondamentales feront claires, & ſur-tout plus elles exprimeront & détailleront avec préciſion les cas, où ce Pouvoir pourra ou devra être révoqué; & plus ce même Pouvoir pourra être ſuppoſé irrévocable dans tous les cas non-exprimés.

Le Pouvoir d'un Monarque eſt donc évidemment moindre, (abſtraction faite même des autres réflexions que je fais ſur ce ſujet dans la ſeconde partie du diſcours) ſa ſûreté eſt moindre dans un Pays ſans Loix fondamentales, que dans un Pays où les Loix fondamentales ſont bien faites.

Si les Souverains vouloient réfléchir ſur ces principes., qu'ils devroient faire enſeigner avec le Catéchiſme à leurs enfans, ils ſe convaincroient, 1°. qu'il n'y a pas peut-être de Puiſſance Souveraine légale dans le monde : 2°. qu'il eſt par conſéquent contre leur intérêt de donner au Peuple l'exemple d'analyſer les droits anciens; car il n'y a pas de droits qui ſupportent moins l'analyſe que les leurs : 3°. que le plus ſûr moyen de ſe maintenir sur le Trône, qui malgré les armées deviendra infailliblement plus chancelant de jour en jour, est de rendre les Peuples heureux ; de respecter les droits des hommes, & de rendre le Pouvoir Souverain *légal*, en formant, de concert avec la Nation, *une Constitution*, dont la sagesse, en préservant les Peuples de l'abus trop fréquent du Pouvoir Souverain & de l'abus des Pouvoirs intermédiaires, étouffera nécessairement en eux l'esprit de révolte auquel les hommes se livrent rarement, à moins qu'on ne les pousse à bout.

Ce moyen, qui est le seul légitime pour raffermir solidement le Trône, est en même-tems un moyen qui couvriroit le Prince, qui s'y détermineroit, d'une gloire plus solide que celle des conquêtes ; & qui, en le rendant l'idole de son siècle & des siècles à venir, lui procureroit une Puissance que les plus fortes armées ne lui donneront jamais.

Mais ce n'est pas là de quoi il s'agit à présent. Je supposerai d'abord que le Pouvoir Souverain soit acquis légalement ; & j'examinerai si, dans cette supposition, un Souverain auroit le droit de changer de son chef une Constitution évidemment vicieuse. J'examinerai dans la même Partie s'il en auroit le droit, en supposant que son pouvoir & tous les pouvoirs du monde fussent illégaux.

PREMIÈRE PARTIE.

Un Souverain a-t-il le droit de changer de son chef une Constitution évidemment vicieuse ?

LA Puissance Souveraine peut avoir été transmise à ceux qui l'exercent, ou sans réserve ou à certaines conditions. Dans les Pays, où elle leur a été transmise sans réserve, il n'y a pas de Constitution. Je parlerai de ces Pays dans la seconde partie de ce Discours.

Les conditions, auxquelles le Pouvoir Souverain a été transmis, sont ce que l'on appelle les Loix Fondamentales ou la Constitution d'un Etat.

Il y a des Pays où il est évident qu'il y a une Constitution : il y en a où il est douteux s'il y en a une. Dans les Pays où il est évident qu'il y a une Constitution, que cette Constitution ait été confirmée par serment ou non; que chaque Chef de la Nation ait promis ou non de ne pas l'enfreindre, il est évident que, relativement à cette Constitution, les personnes, auxquelles le Pouvoir Souverain a été transmis, ne peuvent être considérées que comme parties contractantes.

C'est au Contrat-social qu'elles doivent tout le pouvoir dont elles jouissent. Avant que ce contrat ne fut rédigé, elles étoient de simples Particuliers, les égaux de ceux avec qui elles ont contracté. Or, quel est l'homme qui ait jamais osé prétendre sérieusement, quand plusieurs personnes font une convention entre elles, que les unes pourroient être liées par la convention, tandis que les autres ne seroient point liées par elle?

Pourquoi feroit-on une exception en faveur du Contrat-social? Est-ce un Contrat différent de tous les autres Contrats du monde?

S'il y a une exception à faire en sa faveur, elle ne peut pas être favorable aux Souverains. En effet, s'il y a une exception à faire en faveur du Contrat-social, ce ne peut être que parce que c'est un Contrat fait entre un seul ou un très-petit nombre d'hommes d'un côté & un très-grand nombre d'hommes de l'autre; un Contrat par conséquent qui, s'il est vrai que le bien-être, la sûreté du grand nombre doit toujours être préférée, toutes choses d'ailleurs égales, à la sûreté, au bien-être du petit nombre, doit toujours être fait, toujours être présumé fait pour le plus grand avantage, pour la plus grande sûreté du Peuple, & non pour le plus grand avantage, pour la plus grande sûreté des Chefs : un Contrat qui, dans le doute, doit toujours être interprété en faveur du Peuple & non en faveur des Chefs : par exemple, dans le doute c'est la sûreté des Chefs qu'il faut sacrifier à la sûreté de la Nation. Ainsi le Contrat-social doit être bien moins occupé à prévenir les révoltes, qu'à prévenir l'oppression qui, par la nature des choses, est beaucoup plus commune que ne le sont les révoltes.

Des Ecrivains mercenaires osent dire, à la vérité, tout le contraire : mais comment peuvent-ils se flatter qu'on leurs ajoutera foi ? Quoi ! tandis qu'on nous prêche d'un côté des maximes outrées ; qu'on veut sérieusement nous persuader que chacun de nous est obligé de se sacrifier au bien général, *à ce que l'on juge à propos* de nommer le bien général ; on osera soutenir hautement, d'un autre côté, que la Nation en Corps doit se sacrifier à ses Chefs ; que ceux-ci sont toujours Juges dans leur propre cause ; que la Nation, qui leur a confié le pouvoir dont ils jouissent, est tenue à tout ; & qu'eux ne sont tenus à rien, ou du moins qu'ils ne sont responsables qu'à Dieu : tandis qu'il est de la dernière évidence que les Souverains ou les Chefs de la République ne sont que les Mandataires de la Nation en Corps, & qu'ils sont par conséquent responsables dans tous les cas à la Nation en Corps ; on osera soutenir que la Nation ne peut en aucun cas contrevenir au Contrat qu'elle a fait avec eux, mais qu'eux peuvent enfreindre ce Contrat au gré de leur fantaisie : Non. Des Princes éclairés seroient les premiers à avoir en horreur des maximes aussi abominables : & si des esclaves vils les débitoient à leur Cour, loin d'y faire fortune, j'en suis sûr, ils en seroient bannis à jamais.

Si le Monarque ou les Chefs d'une République ne peuvent être considérés que comme Parties-Contractantes, relativement aux Loix Fondamentales, (qui ne sont que les conditions auxquelles on leur a transmis le Pouvoir) il est évident qu'ils n'ont pas plus le droit de changer ces Loix, ou de les interpréter sous quelque prétexte que ce puisse être, qu'un Particulier n'a le droit de changer de son chef ou d'interpréter les conditions d'une Convention qu'on a faite avec lui.

La baſe de toute Légiſlation eſt que jamais ceux, qui ſont ſoumis à la Loi, ne doivent l'interpréter; mais qu'ils doivent lui obéir aveuglément. Sans ce principe, qui doit être préſumé la première de toutes les Loix, il ſeroit inutile de faire des Loix. Or, les Chefs des Nations ſont auſſi ſoumis aux Loix Fondamentales, que les Particuliers ſont ſoumis aux Loix données par le Souverain : & comme il eſt clair que les Loix doivent toujours être beaucoup plus en garde contre les Puiſſans qu'elles ne ſont en garde contre les foibles, l'interprétation des Loix Fondamentales doit être encore bien moins permiſe aux Souverains, que l'interprétation des Loix Civiles n'eſt permiſe aux Citoyens.

Il n'eſt pas néceſſaire du tout qu'il ſoit exprimé dans la Conſtitution que les Chefs n'ont pas le droit de l'interpréter : c'eſt une ſuite néceſſaire de la choſe : car, du moment qu'on leur accorderoit ce droit, il n'y auroit plus de Conſtitution. Ce ſeroit leur laiſſer le champ libre de faire le mal ſous l'apparence du bien : car pour un bon Prince, pour un Prince éclairé, il y en a cent qui ne le ſont pas, & qui feront le mal, ſouvent avec la meilleure volonté de faire le bien; puiſque c'eſt une choſe qui arrive même quelquefois aux Princes les plus éclairés & les plus juſtes. Ce que je dis des Princes doit s'entendre également des Nobles ou des Chefs dans une République.

Dans un Pays où il eſt douteux s'il y a une Conſtitution, il ſemble que le Souverain auroit plutôt le droit de toucher à ce que l'on nomme la Conſtitution, que dans un Pays où il eſt évident qu'il y en a une. Mais ſi l'on y réfléchit, on trouvera qu'il n'a pas même ce droit dans le doute : car dans le doute on doit toujours préſumer qu'il y a une Conſtitution : on ne peut pas préſumer qu'une Nation ſe ſoit livrée ſans réſerve à ſes Chefs. Dans le doute ſi une Loi fait ou ne fait point partie de la Conſtitution, ce ne peut jamais être au Souverain à juger cette queſtion : il ne peut pas être Juge dans ſa propre Cauſe, il n'eſt pas au-deſſus des Loix Fondamentales : ce Jugement appartient au Corps dépoſitaire des Loix, s'il y en a un ; & s'il n'y en a pas, à la Nation en corps.

Comment, me dira-t-on, la Nation en Corps jugera-t-elle ? Je ſens que ce Jugement peut avoir des inconvéniens : mais ces inconvéniens ſeront toujours moindres pour la Nation, que le danger d'être opprimée. Or, c'eſt pour la plus grande ſûreté de la Nation, & non pour la plus grande ſûreté des Chefs, que le Gouvernement civil a été imaginé (*a*).

(*a*) Ce Jugement, quand les Loix n'y ont point pourvu, eſt embarraſſant encore ſous un autre point de vue. Quel Corps dans l'Etat, dit-on, ſera aſſez impartial pour juger les cas douteux de la Conſtitution avec équité; pour juger avec équité entre le Souverain & la Nation ? Mais il me ſemble qu'il y a bien des moyens d'y pourvoir. Par exemple, pourquoi les Loix ne preſcriroient-elles pas une règle d'après laquelle on choiſiroit par le ſort, d'une manière déterminée par la Loi, un certain nombre de perſonnes de différentes claſſes, pour interpréter les Loix Fondamentales, quand elles ont beſoin d'interprétation ?

OBJECTIONS ET RÉPONSES.

PREMIÈRE OBJECTION.

NOUS sentons très-bien, m'objectera-t-on peut-être, qu'il ne faut pas toucher à une Constitution qui est bonne; qu'il ne faut pas même se presser de changer une Constitution qui paroît vicieuse : car les Chefs des Nations sont sujets à l'erreur comme le reste des Hommes : une bonne Constitution peut leur paroître mauvaise : ils peuvent se faire illusion; & mettre, à la place d'une Constitution défectueuse, une Constitution ou des Loix encore plus mauvaises, ou du moins tout aussi défectueuses. Or, il est clair que tout changement est un mal par lui-même, du moment qu'il ne produit pas des avantages réels & permanens.

Nous convenons que les Souverains n'ont pas un droit formel de toucher à une Constitution vicieuse; car tout le droit qu'ils ont ne leur vient que par cette Constitution : ils ne sont donc pas plus autorisés à changer cette Constitution ou une seule Loi Fondamentale, qu'un Particulier n'est autorisé à transgresser une Loi Civile quelconque. Nous allons plus loin : Nous convenons que, si un Souverain vouloit changer de son chef une Constitution, quoiqu'évidemment vicieuse, la Nation auroit non-seulement le droit de s'y opposer; de même que les Juges ont le droit de punir un Citoyen qui auroit agi contre la Loi; (quoiqu'en agissant contre la Loi il eût rendu à la Nation un très-grand service) mais que cette nation & ce Juge feroient même très-bien, l'une de résister, & l'autre de punir pour l'exemple : car, si l'on souffroit que les Chefs touchassent aux Loix Fondamentales, & que les Citoyens se dispensassent des Loix Civiles, même dans le cas où il en résulteroit évidemment du bien, d'autres s'en dispenseroient pour faire le mal ; & les Loix n'auroient plus de vigueur : ce qui est un mal bien plus grand, que ne peut être grand le bien qui, par hazard, pourroit résulter de l'infraction des Loix dans quelques cas particuliers.

Nous convenons, me dira-t-on, de tout cela. Mais, quoique le Souverain à la rigueur n'ait pas le droit, comme Souverain, de changer de son chef une Loi Fondamentale quelconque, fût-elle évidemment vicieuse, n'en a-t-il pas le droit comme homme ? Ne peut-il pas, ne doit-il pas même se mettre au-dessus de la Forme en faveur du Fond ?

Un simple Citoyen, qui verroit évidemment qu'il est utile à ses Concitoyens en contrevenant à la Loi, ne feroit-il pas une action louable, généreuse même, de s'exposer à être puni en agissant contre la Loi pour faire le bien ? A plus forte raison un Souverain, qui verroit évidemment que la Nation ne tient à une Loi Fondamentale qui lui est nuisible à elle même, que parce qu'on l'a séduit ; parce que l'intérêt personnel de quelques Particuliers la lui présente comme utile ; ne doit-il, ne peut-il pas du moins profiter de la Force qu'il a en main, pour rendre cette malheureuse Nation heureuse malgré elle ?

N'est-ce donc pas la première de toutes les Loix Fondamentales de rendre heureux le Peuple que l'on gouverne ?

JE RÉPONDS : 1°. Il eſt faux que le bonheur ſoit le but immédiat du Gouvernement Civil. C'eſt la ſûreté qui eſt ce but. Or, rien n'eſt plus contraire à cette ſûreté que le droit qu'auroit un Souverain de changer les Loix Fondamentales.

2°. Le devoir des Chefs d'une République, qui a une Conſtitution, eſt d'obſerver cette Conſtitution, quelle qu'elle ſoit, *à la lettre*. Le bien qui pourroit en réſulter, ſi dans un cas particulier ils s'en écartoient, ſeroit toujours un moins grand bien, que ne ſeroit grand le mal que produiroit l'exemple de Deſpotiſme, que donneroit le Souverain, en faiſant ce bien qu'il n'auroit pas le droit de faire de ſon chef.

3°. Si le changement que le Souverain veut faire aux Loix Fondamentales, eſt évidemment utile, pourquoi feroit-il ce changement contre le gré de la Nation? pourquoi employeroit-il la force? Il ne doit pas lui être impoſſible, ſi l'utilité eſt évidente, d'en convaincre le Public, & d'impoſer ſilence aux Sophiſmes de l'intérêt perſonnel. Si la conviction eſt impoſſible, il eſt apparent que l'évidence n'eſt pas réelle, & que le changement, qui lui paroît évidemment utile, n'eſt peut être rien moins qu'utile en lui-même.

4°. Mais quand même cette utilité feroit évidente, le Souverain n'a pas le droit d'entreprendre de lui-même ce changement. Indépendamment même du mauvais exemple qu'il donneroit, il manqueroit comme homme; car un homme n'a pas le droit de rendre un autre homme heureux malgré lui. Le Souverain feroit mal comme homme, par la même raiſon par laquelle un ſimple Citoyen ne doit pas agir contre la Loi, quand même il produiroit par là le plus grand bien; car faire du bien aux hommes, les rendre plus heureux qu'ils ne sont, est une obligation imparfaite : ne pas agir contre la Loi, observer rigoureusement ses engagemens; ne pas léser les droits, quels qu'ils soient, de nos semblables; c'est-à-dire ne pas faire des choses quelconques qu'ils ont le droit d'exiger que nous ne fassions pas, sont des obligations parfaites : or, c'est détruire toute la Morale que de prétendre qu'on puisse manquer à une obligation parfaite, pour en remplir une qui n'est qu'imparfaite. Cet abus, cette inversion de nos obligations est une des plus grandes sources des maux qui accablent le Genre-humain, & peut-être la plus grande : car les Hommes en général ne sont point méchans, & les Rois ordinairement le sont encore moins que le reste des Hommes. Mais les Hommes & les Rois se font illusion : ils sont dupes d'une fausse doctrine, dont on est dupe d'autant plus aisément, que notre penchant nous entraîne vers elle. En effet, que chacun de nous descende dans le fond de son cœur, & il y découvrira un penchant secret à négliger ce qu'il doit faire, pour remplir avec ardeur des obligations qu'il s'impose à lui-même. Ce penchant est fort simple : car ces obligations volontaires ou imparfaites ont pour elles l'attrait de la Gloire, tandis qu'il n'y a pas de gloire à ne faire que ce que l'on doit. Ce penchant est peut-être encore plus dans le caractère de l'homme de bien, que dans le caractère du méchant. Or si, entraîné d'un côté par ce penchant, on se laisse aller de l'autre à l'habitude de sophistiquer sur les principes, comment pourra-t-on ne pas tomber d'erreurs en erreurs? Que l'on prêche aux hommes, tant que l'on voudra, le crime, on ne leur fera point dangereux : il rejetteront loin d'eux de pareils ouvrages : mais on les mènera infailliblement à leur perte, si on les conduit au Crime par le sentier de la Vertu ; ou si, en commençant par leur montrer un but vertueux, on les rend peu scrupuleux sur le choix des moyens pour parvenir à ce but. On ne sauroit donc le redire assez souvent aux Hommes & plus encore aux Rois, *que jamais il n'est permis de faire un petit mal, pour qu'il en résulte un grand bien :* que l'on bannit la Vertu & le Bonheur de la Terre, du moment que l'on s'écarte de cette Maxime Fondamentale (*b*).

(*b*) Que ceux qui ne sont pas convaincus de l'évidence de cette Maxime fondamentale, lisent le Chapitre V, d'un Ouvrage Allemand que j'ai publié à Nuremberg en 1787, & dont le titre est : *Betrachtungen über verschidene Gegenstande Worüber man heüt sehr viel schreibt.* Cette Maxime est aussi utile à enseigner aux Souverains, qu'il est important de la graver dans la mémoire des Sujets : car si l'inobservance de cette Maxime conduit les uns à abuser de leur Pouvoir, elle porte les autres à la révolte, & quelquefois à des horreurs que le Fanatisme seul a pu essayer de justifier. C'est toujours le même esprit, la même erreur qui guide & les uns & les autres. Tout ce que je dis dans ce Discours, contre l'abus du Pouvoir, est donc également applicable, avec quelques modifications aisées à appercevoir, (Voyez le même Ouvrage Chap. VIII. dernier §) contre l'esprit de révolte.

Il ne faut pas agir à moins que l'on n'en ait le droit. Ainsi, que le Pouvoir du Souverain soit ou ne soit pas acquis légalement ; que les Chefs des Nations violent plus ou moins le Contrat-social, ce n'est jamais à des individus ou à une partie de la Nation à en faire justice.

Le Meurtrier d'un Tyran se rend coupable d'une d'autant

Tout le monde reconnoît cette maxime dans certains cas particuliers. Personne ne croit, par exemple, qu'il soit permis de voler ou de ne-pas payer ses dettes pour faire des aumônes : mais on l'oublie dans d'autres cas : car c'est l'oublier que de croire qu'on puisse désobéir à la Loi, pour faire du bien : ou qu'on puisse de son chef manquer à ses engagemens, s'il en revient un grand avantage à celui envers qui l'on s'est engagé.

Observons, chacun de notre côté, les Loix à la rigueur : remplissons scrupuleusement nos obligations

---

plus grande horreur, qu'elle ne mène à rien. Le Tyran meurt & la Tyrannie reste. Mais quand même on pourroit détruire la Tyrannie du même coup dont on frappe le Tyran, on n'en auroit pas le droit. Ceux qui pensent qu'on auroit ce droit, doivent penser, s'ils sont conséquens, qu'un Monarque peut de son chef changer la Constitution : & ceux qui sont de ce dernier avis, doivent croire que le meurtre d'un Tyran peut être permis : ces deux erreurs se tiennent, sont des conséquences du même principe dont je me flatte d'avoir prouvé la fausseté & le danger.

Il ne faut pas changer à moins d'être sûr de son fait. Ainsi le corps même de la Nation, quoiqu'elle ait toujours le droit de changer la Constitution, ne doit pas se déterminer légèrement à ce changement : dans le doute, les Formes antiques sont préférables. Les hommes, il est très-vrai, ne parviendront au bonheur que par un grand bouleversement : mais il ne faut pas oublier qu'il y a cent mille manières de tout culbuter, & que dans ce nombre il n'y en a que fort peu de bonnes.

Il ne faut pas oublier que ceux qui auroient le talent de faire des changemens utiles, sont rarement ceux qui en ont le pouvoir : ce n'est donc pas la paresse, mais la raison & l'expérience qui font redouter les changemens en général.

parfaites, & tous les hommes feront heureux : mais quand ce bonheur général ne feroit pas une fuite néceffaire de notre conduite, ce n'eft plus notre affaire : nous avons rempli notre tâche. Souvenons-nous que nous ne fommes pas dans le Monde pour veiller les uns fur les autres ; mais que le devoir de chacun de nous eft de refpecter les droits de chacun de nos femblables.

SECONDE OBJECTION.

ON pourroit m'objecter encore, ou pour mieux dire, on pourroit pouffer la première objection de la manière fuivante.

On ne peut pas, pourroit-on dire, faire un petit mal, il eft vrai, à un homme ; le léfer dans fes droits, pour procurer un grand avantage à un autre homme ou à plufieurs hommes : mais il n'en eft pas ainfi quand il s'agit de la même perfonne ou de la même Société : un petit mal alors ceffe abfolument d'être un mal : pourquoi ne feroit-on pas à une Société un petit mal pour la rendre plus heureufe, fur-tout quand le mal qu'on lui fait n'eft qu'un mal chimérique ? Or, du moment que c'eft dans la vue de rendre un Peuple plus heureux qu'on change fa Conftitution, & qu'il eft évident qu'on le rend heureux en la changeant, le prétendu mal qu'on lui fait n'eft qu'un mal chimérique.

JE RÉPONDS : 1°. Il eft faux qu'on puiffe faire à un homme un petit mal contre fon gré, dût-il en réfulter pour lui le plus grand avantage. Ce feroit manquer

manquer à une obligation parfaite. Le premier droit de l'Homme eſt le libre exercice de ſes facultés, & par conſéquent de ſa volonté, autant que cette volonté n'eſt pas contraire aux droits d'un tiers. On n'a pas le droit de couper une jambe à un homme pour lui ſauver la vie, à moins qu'il ne conſente à cette opération. On la lui couperoit s'il n'avoit pas ſes ſens, s'il étoit fou, ou ſi c'étoit un enfant; parce qu'on préſumeroit qu'il donneroit ſon conſentement s'il avoit ſes ſens: mais il n'en eſt pas ainſi d'une Nation, une Nation a toujours ſes ſens. 2°. On ne peut pas préſumer d'un homme ou d'une Société un conſentement, que la réflexion nous apprend que cet homme ou cette Société ne pourroit pas donner ſans manquer de prudence, Or une Nation manqueroit évidemment de prudence; ſi elle permettoit à ſes Chefs de contrevenir au Contrat-ſocial, d'enfreindre les Loix Fondamentales ſous quelque prétexte que ce fût: car le maintien de ces Loix eſt le plus ferme appui de la ſûreté de la Nation. Pour une fois qui pourroit en réſulter de l'avantage ſi le Souverain les violoit, il en réſulteroit non-ſeulement les plus grands inconvéniens dans cent occaſions différentes; mais il en réſulteroit l'anéantiſſement du Contrat-ſocial, & par conſéquent la perte de cette liberté & de cette ſûreté, en faveur deſquelles on s'eſt réuni en Société. Une Nation ne doit donc jamais accorder cette liberté à ſes Chefs. Or, ſi la raiſon nous apprend qu'elle ne doit pas accorder cette liberté, on ne peut donc jamais préſumer qu'elle l'ait accordée: mais il faut toujours, pour pouvoir changer une Loi dans un cas particulier, que ſon conſentement ſoit exprès & clairement prononcé.

TROISIEME OBJECTION.

IL me vient une troisième Objection, que je tâcherai de présenter dans toute sa force.

S'il n'y a pas de Puissance-Souveraine légale, il n'y a donc pas non plus, pourroit-on dire, d'autres Pouvoir légal dans le monde; pas de Corps représentant la Nation, pas d'Etats, pas de Parlemens, auxquels le Pouvoir qu'ils exercent ait été transmis légalement. Le gros de la Nation est toujours mené par un petit nombre d'usurpateurs; & ce petit nombre qui le dirige, loin d'être occupé du bien général, n'est guidé que par des intérêts personnels, souvent fort opposés au bien général. Or, si un homme vertueux, qui verroit avec douleur ce Despotisme qu'un petit nombre de Tyrans exercent sur le Genre-humain, se trouvoit dans la position heureuse de pouvoir changer la face des affaires, & de tirer le Genre-humain du joug sous lequel il gémit, pourquoi ne l'entreprendroit-il pas? Pourquoi ne feroit-il pas usage, en faveur du grand nombre, de la Force qu'il auroit en main, quoiqu'illégalement, contre des Individus ou des Corps qui n'auroient à défendre contre lui que des Pouvoirs usurpés? S'il se trouvoit dans une Forêt une troupe de Voleurs qui mettroient à contribution les Pays d'alentour, & qu'un Particulier, un Etranger auroit la force nécessaire pour les exterminer ou les disperser, n'en auroit-il pas le droit? Faudroit-il qu'il attendît la réquisition expresse de la Peuplade que ces voleurs tiendroient dans l'oppression? Le défenseur du Genre-humain mériteroit-il des reproches.

Je Réponds. Il n'est pas dit que tous les Pouvoirs intermédiaires seroient illégaux du moment que la Puissance Souveraine seroit illégale : mais supposons-le, j'y consens. Supposons encore que l'intérêt des Pouvoirs intermédiaires seroit en effet en contradiction, dans un Pays donné, avec l'intérêt général ; il ne faudroit pas détruire par cette raison, quand même on en auroit le droit, ces Pouvoirs intermédiaires : il faudroit prévenir les abus, voilà tout : car l'existence des Pouvoirs intermédiaires pourroit être utile au bien général, quoique leur intérêt seroit différent de l'intérêt général. Il vaut toujours mieux pour une Nation que plusieurs Pouvoirs se tiennent en respect réciproquement, que d'être écrasée par un Pouvoir unique (*c*). La parité avec les Voleurs est injuste, & n'est rien moins qu'exacte. Il n'est pas douteux que l'on puisse aller au secours d'un opprimé, sans attendre qu'il vienne implorer notre protection : c'est une belle action, mais c'est une obligation imparfaite, & par conséquent ce ne seroit plus une belle, mais une mauvaise action, si, pour l'exécuter, il falloit manquer à une obligation parfaite.

Je pourrois dire à cette occasion que le Souverain tient par un Contrat à la Constitution, & qu'on ne peut, sous aucun prétexte, manquer au Contrat

(*c*) On verra par mes *Réflexions pratiques*, que je ne suis pas admirateur cependant des Pouvoirs qui se tiennent en respect.

ou plutôt agir contre le Contrat que l'on a fait. Que diroit-on d'un Mandataire, qui sous prétexte que celui qui l'a muni du Pouvoir dont il jouit, n'y étoit pas autorisé, agiroit contre son Principal; d'une Armée qui se déclareroit contre son Souverain, sous prétexte que la Guerre qu'il fait est injuste? Or, le Souverain est le Mandataire de ceux avec qui il a contracté : mais ce n'est pas là sur quoi j'appuierai mon raisonnement.

La vraie disparité, entre la position du Souverain qui détruiroit les Pouvoirs intermédiaires pour faire du bien à la Nation, & celle d'un homme qui marcheroit au secours d'une Société que des Brigands opprimeroient, est 1°. que ce dernier a tout lieu de présumer le consentement de cette Société. Si elle ne consentoit pas qu'il marchât à son secours, il n'en auroit pas le droit. Or, le Souverain ne peut pas présumer le consentement de la Nation : car on ne peut pas présumer le consentement de quelqu'un, quand on sait positivement qu'il ne consent pas à ce que nous voulons; ou bien quand on est à tems de lui demander son consentement exprès. 2°. L'homme, qui marche contre les Voleurs, n'auroit pas le droit de marcher contre eux, s'il n'avoit pas l'évidence de son côté, c'est-à-dire, l'évidence que ce sont des Voleurs. Le Souverain n'a pas le droit d'user de force, quand même il auroit l'évidence de son côté : car dès lors la force ne lui est plus nécessaire. On ne dispersera pas les voleurs avec l'évidence : mais le Souverain portera aux ennemis de la Nation qui vivent au milieu d'elle, avec les armes de l'évidence, des coups plus sûrs & plus légitimes, qu'avec la baïonnette & les fusils de ses soldats. Enfin si, ce qui eſt à peu-près impoſſible, la Nation ne ſe rendoit pas à l'évidence, alors ce ſeroit un malheur qui n'autoriſeroit pas à uſer de force, celui qui n'en en a pas le droit: Or, le Souverain n'a pas ce droit. En effet ſi nous ſuppoſons le Pouvoir des Corps intermédiaires illégal dans le principe, &, dans un pays donné, la Conſtitution exiſtante nuiſible au bien général; ſuppoſant d'un autre côté la Puiſſance Souveraine illégale, (car ce n'eſt qu'en ſuppoſant celle-ci illégale qu'on peut ſuppoſer les autres pouvoirs dans l'Etat illégaux) celui, qui exerceroit la Souveraineté, ne pourroit être conſidéré, dans cette ſuppoſition, que comme un Individu qui ſeroit fort, mais qui n'auroit pas de droit: ainſi les Pouvoirs intermédiaires qu'il attaqueroit, quoique ces Pouvoirs ſeroient illégaux, auroient toujours le droit de lui réſiſter: car c'eſt du droit de l'attaque que dépend la juſtice ou l'injuſtice; c'eſt-à-dire le droit de la défenſe: le Souverain, dans la ſuppoſition que nous admettons, ne ſeroit jamais qu'un homme puiſſant, qui ſe mêleroit d'une affaire qui ne le regarde pas.

Pour juger la Queſtion plus parfaitement, retournons un moment d'une autre manière la ſuppoſition que nous avons faite, & nous verrons où nous en viendrons.

Suppoſons tous les Pouvoirs du monde illégaux dans leur principe, & ſuppoſons un Peuple qui ſeroit gouverné avec un ſceptre de fer. Cette ſuppoſition n'eſt pas hors de la nature; car malheureuſement, même dans notre Europe policée, dans cette Europe dont on vante les lumières, le Deſpotiſme eſt, depuis Lisbonne juſqu'à Moſcou, le plus grand fléau de l'humanité. Supposons avec cela un Particulier ou une Société qui ſe trouveroit par haſard armée de la force ou du courage ſuffiſant pour délivrer ce peuple à jamais, en marchant droit vers le trône du joug du Deſpotiſme: je ſuppoſe ce particulier ou cette Société animée du déſir de rendre les hommes plus heureux qu'ils ne ſont, & je demande; auroit-elle le droit de faire uſage de ſa force ? Si la force fait tout dans ce monde; ſi l'on peut ceſſer d'avoir égard aux droits, à la poſition actuelle des choſes; ſi l'on peut ſe paſſer de titre pour agir, du moment que l'on a en vue le bien général, pourquoi n'auroit-elle pas ce droit? S'il étoit évident qu'on ſeroit utile au Genre-humain, en arrachant le ſceptre des mains d'un Souverain, pourquoi n'en auroit-on pas le droit d'après ces principes ? Ou diſons plutôt: Si l'on ne peut pas ſuppoſer que l'on auroit ce droit, comment peut-on prétendre qu'un Souverain, dont le Pouvoir, dans le principe, ſeroit illégal, auroit le droit d'uſer de force contre des Pouvoirs intermédiaires qui ſeroient également illégaux dans le principe; ou qu'un Souverain, dont le Pouvoir ſeroit légal, auroit ce droit contre des Pouvoirs intermédiaires également légaux?

Un Souverain, dans aucun cas, ne peut uſer de force contre la Conſtitution; car, quand même elle ſeroit illégale dans l'origine, il faudroit qu'il convoquât la Nation, (ce qui n'eſt pas auſſi impoſſible qu'on le penſe) & ce ſeroit à la Nation & non pas à lui, à confirmer ces Pouvoirs intermédiaires, ſi elle le jugeoit à propos; ou bien à les détruire, & à établir ſur leurs débris une nouvelle conſtitution.

Qu'on ne me dise pas que le gros de la Nation se trompera toujours, ou bien sera toujours trompé. On ne peut pas rendre évidentes au grand nombre, des vérités métaphysiques, les premiers principes des choses; mais on peut lui rendre évidentes des vérités aussi simples, que le sont celles qui tiennent à la Constitution. Et si l'on persiste à me dire que, même sur ces objets, le grand nombre se trompera malgré l'évidence, je répondrai que, si cela est, il est également probable que le Souverain se trompera, ou bien sera trompé.

Dès que l'on s'écarte de la lettre de la Loi; que l'on se croit tout permis du moment que l'on veut le bien; & que l'on se permet des raisonnemens, comme ceux que j'ai fait dans cette objection pour en montrer le danger, tout est perdu dans ce monde: il n'y a plus rien de stable, il n'y a pas de si méchante action, pas de régicide, pas de projet si abominable, qu'on ne viendroit à bout de justifier.

J'ai parlé du droit dans cette première partie; dans la seconde je prouverai qu'il est de la prudence & du plus grand intérêt de chaque Souverain d'agir précisément en conformité de ce que lui prescrit le droit le plus rigoureux.

SECONDE PARTIE.

SI je puis prouver qu'un Monarque, qui change ou se propose de changer, soit par la force, soit par la Politique, la Constitution, c'est-à-dire les Loix Fondamentales d'un Pays; 1°. nuit à sa sûreté personnelle; 2°. corrompt le caractère & les mœurs de la Nation; 3°. n'augmente pas son Pouvoir, & 4°. fait à sa gloire un tort irréparable; j'aurai prouvé ce que je me propose de prouver dans cette seconde Partie.

Il nuit à sa sûreté personnelle.

S'il est vrai qu'il est de l'intérêt personnel de tout homme de ne pas léser les droits des autres hommes pour qu'on ne viole pas les siens; d'être bon, vrai & franc pour qu'on le soit à son égard; que c'est là la meilleure Politique, quoiqu'elle se pratique rarement; cette vérité est encore bien plus sensible relativement aux Souverains, dont les actions sont exposées aux yeux de tout l'Univers, & dont on examine & interpréte les moindres démarches toujours avec beaucoup de soin & souvent avec fort peu d'indulgence.

Que l'on réfléchisse à ce principe & à tout ce que j'ai dit dans la première Partie de ce Discours; que l'on réfléchisse en même tems que les hommes, quoiqu'ils ſoient aujourd'hui ou beaucoup trop, ou beaucoup trop peu éclairés pour leur propre bonheur ; le ſont aſſez, pour ne plus croire à tout ce que les fauteurs du Pouvoir ſans bornes voudroient leur perſuader ; aſſez pour ſentir que le *Bonheur*, la *Gloire de l'Etat* eſt une expreſſion vague, qui ne peut perſuader perſonne, puiſqu'elle ne repréſente rien moins que le bonheur des Individus qui compoſent la Nation ; aſſez éclairés, pour ſentir leurs droits ; & qui le ſeront peut-être bientôt aſſez pour ſentir toutes leurs forces.

Que l'on réfléchiſſe enfin que les hommes, quand ils ſont mal, déſirent néceſſairement de changer, ſinon de forme de Gouvernement, du moins de Souverain : que le riſque auquel ils s'expoſent en ſe livrant à ce déſir, eſt peu de choſe dans les Pays où ils ſont malheureux ou croient l'être ; & qu'il y a pluſieurs cas poſſibles dans leſquels un million d'hommes, que le Souverain auroit à ſa ſolde, ne ſauroient ſuffire pour les empêcher d'exécuter leurs projets : l'on ſe convaincra ſans peine de la vérité de ma première aſſertion.

Il n'augmente pas ſon pouvoir, & corrompt le caractère & les mœurs de ſon Peuple.

Quelqu'un a dit un jour que le Deſpotiſme étoit la liberté des Rois. C'eſt une très-fauſſe Maxime.

Si l'on entend par Deſpotiſme l'abus du Pouvoir, c'eſt comme ſi l'on diſoit que les hommes ne ſont libres, ou du moins ne font uſage de leur liberté, que quand ils se font le plus de mal qu'ils peuvent l'un à l'autre; qu'ils sont en guerre entre eux & s'entre-déchirent mutuellement. Si l'on entend par Despotisme, non l'abus du Pouvoir, mais le Pouvoir même lorsqu'il est illimité: cette forme de Gouvernement en un mot, par laquelle la Nation en Corps transfereroit à un seul ou à plusieurs tout le Pouvoir Souverain sans réserve, (forme de Gouvernement qui, soit dit par parenthèse, n'existe nulle part légalement, pas même en Dannemarck, quoique on n'en puisse dire, & qui ne peut jamais être présumée existante; mais qui, pour être légale, doit être clairement exprimée par la Nation dans le Contrat-social) alors, dire que le Despotisme est la liberté des Rois, c'est à-peu-près comme si l'on disoit que l'Anarchie est la liberté des Peuples; ou encore plus exactement, comme si l'on prétendoit que les Peuples ne sont libres, que lorsqu'il n'y a pas de Loix, mais qu'ils sont gouvernés par le simple bon-sens; c'est-à-dire que tout le Code consistât à leur dire: faites bien & vous serez bien traités; faites mal & l'on vous punira: que les Magistrats procédassent en conséquence de cette sublime Législation, & distribuassent des récompenses ou infligeassent des peines, non d'après l'énoncé de la Loi, car il n'y en auroit pas, mais toujours d'après la disposition momentanée de leur esprit.

Cette comparaison est fort exacte : car, quelle que soit la forme du Gouvernement, il est évident que la Nation en corps ou les Représentans de la Nation, qui ont transmis au Souverain le Pouvoir dont il jouit, sont toujours *au-dessus de lui;* sont toujours non-seulement ses Juges, mais qu'il n'est même que leur Mandataire dont ils peuvent révoquer le Pouvoir, dès qu'il en abuſe. Il faut abſolument convenir de cette Maxime, ou prétendre que le Genre-humain n'exiſte que pour l'agrément, le bon plaiſir de quelques Familles; & que le Contrat-ſocial, loin d'avoir été imaginé pour le bonheur des hommes, n'a été fait que pour couvrir d'un voile le ſecret deſir de les opprimer. Que l'on ne m'objecte pas les déſordres qui réſulteroient de cette Maxime, il n'en réſulte du déſordre (qu'on y prenne bien garde) que lorſque le Contrat-ſocial eſt mal fait; c'eſt-à-dire, lorſqu'il n'y a pas de Conſtitution, pas de Loix Fondamentales : or, c'eſt préciſément où j'en veux venir : c'eſt de-là que je veux conclure qu'un Monarque abſolu a moins de pouvoir réel, qu'un Monarque dont le Pouvoir eſt borné & fixé par les Loix : car celui-ci ne peut pas être chicanné par ceux qui lui ont donné le Mandat; mais le premier peut l'être, par la raiſon que le Mandat n'eſt pas clairement énoncé. Dès que les Loix Fondamentales ſont claires, il n'y a pas de déſordres à craindre. Comment un Souverain d'ailleurs, qui a des Troupes, peut-il craindre ce déſordre? Mais enfin quand même il naîtroit des déſordres de cette Maxime, ces déſordres ſont-ils, pour le Genre-humain, un mal comparable à l'oppreſſion? Non, aſſurément : un homme vertueux n'oſera pas le ſoutenir contre moi. Il ſe peut que dans le ſecret du Cabinet d'un Monarque, quelques Savans obſcurs, pour tirer parti de l'erreur du Prince, ne ſeront pas de mon avis; qu'il y en aura peut-être qui trouveront un plaiſir ſecret à traiter mon opinion de ridicule : mais qu'ils produiſent leurs ſophiſmes aux yeux du Public; qu'ils réfutent cet Ecrit, s'ils en ont le courage, je leur en donne le défi ſolemnel à une ſeule condition : qu'ils mettent leur nom à la tête de leur Ouvrage, comme je mettrai toujours le mien à la tête de tous ceux que j'écrirai ; & s'ils remportent la victoire, que je ſois honni de tout l'Univers : j'y conſens volontiers : les ſeuls hommes dignes d'être crus, ſont ceux qui ne craignent pas que le Public connoiſſe & juge leurs ſentimens & leurs actions.

S'il eſt donc vrai que la Nation en Corps ou les Repréſentans de la Nation, qui ont tranſmis le Pouvoir au Souverain, ſont toujours au-deſſus de lui ; & que, ſi l'on ne fait pas rendre compte aux Souverains de leur Adminiſtration, ce n'eſt point parce que les hommes n'en ont pas le droit, mais uniquement parce que la force coactive leur manque ; il eſt donc clair que la poſition d'un Prince, auquel on a tranſmis le Pouvoir Souverain ſans réſerve, eſt beaucoup, ou du moins ſeroit beaucoup plus fâcheuſe (ſuppoſé que la Nation eût la force de lui faire rendre compte de ſon Adminiſtration) que n'eſt fâcheuſe la poſition du Souverain d'un Pays qui a des Loix Fondamentales, ſur-tout ſi ces Loix Fondamentales ſont bien faites.

La Liberté d'un Souverain, quand la Conſtitution eſt bonne, eſt donc à l'égard de la Liberté d'un Souverain, auquel on a tranſmis le Pouvoir ſans réſerve, abſolument comme la liberté des Citoyens, qui ſont ſoumis à des Loix claires & bien faites, eſt à l'égard de la Liberté des Citoyens d'un Pays où il n'y auroit pas de Loix du tout ; mais où l'Adminiſtration & les Jugemens ſeroient confiés uniquement au bon-ſens, c'eſt-à-dire à la diſpoſition d'eſprit momentanée de ceux qui gouvernent : un Monarque abſolu eſt donc dans le fond moins libre, il a moins de pouvoir *légitime* qu'un Monarque, dont le Pouvoir eſt limité & par conſéquent exprimé par les Loix : il eſt donc vrai que le Souverain, qui ſappe les Loix Fondamentales, diminue ſon Pouvoir *légitime* au lieu de l'augmenter.

Il le diminue non-ſeulement ſous le point de vue que je viens de décrire, mais encore ſous un autre point de vue bien plus frappant.

Pour peu que l'on ait regardé à l'entour de ſoi dans ce monde, que l'on ait conſidéré avec attention les évènemens de la vie & la marche de l'eſprit humain, on doit avoir obſervé que, dans le moral comme dans le phyſique, tout tend à une eſpèce d'équilibre : les hommes cherchent à ſe dédommager, ou d'une manière ou de l'autre, des gênes qu'on leur impoſe; & ce que l'on gagne d'un côté, on le perd infailliblement de l'autre, & ſouvent d'avantage.

Moins un Prince a d'égard aux Loix Fondamentales, plus il manifeſte la volonté de détruire tous les Pouvoirs légitimes qui pourroient s'oppoſer à ſes deſſeins; & plus le deſir ſecret de lui réſiſter & de lui oppoſer des obſtacles illégitimes enflammera tous les cœurs.

Il n'y a pas de Monarque qui puiſſe tout faire par lui-même : il lui faut des Exécuteurs de ſes volontés. Ces Exécuteurs peuvent ne pas exécuter du tout, ou exécuter de manière à faire manquer les projets du Monarque : il y a mille manières de le contrarier. Ces Exécuteurs ſont, dans les Pays deſpotiques, l'équivalent des Pouvoirs intermédiaires dans les Gouvernemens où il y a une Conſtitution ; avec la différence que ceux, qui ont en main un Pouvoir légitime de réſiſter, ſont, s'ils réſiſtent, des hommes vertueux : tandis que ceux au contraire, qui agiſſent contre le Prince par des menées ſourdes, ne peuvent être que des malhonnêtes gens. Ces Pouvoirs illégitimes contrarient les Princes bien plus que ne le peuvent faire les Pouvoirs légitimes dans un Gouvernement modéré.

Que les Princes, qui ont exécuté ou ont voulu exécuter de grands projets, ſe rappellent les différentes contrariétés qu'ils ont éprouvées ; & ils trouveront qu'ils en ont toujours bien moins éprouvé de la part des Loix, que de la part des Intriguans. Il eſt rare que les Loix empêchent le bien : mais il eſt dans la nature des choſes que les Intriguans faſſent tous leurs efforts ; non-ſeulement pour l'empêcher, mais pour faire faire le mal : & l'expérience prouve qu'ils joignent au talent de ſuſciter des obſtacles aux Princes qui veulent le bien, celui de les conduire au mal avec une habileté dont il eſt preſque impoſſible de ne pas être dupe. Qu'on parcoure les différentes formes d'Adminiſtration ; qu'on liſe l'Hiſtoire, & l'on verra qu'il y a toujours plus d'Intriguans à la Cour d'un Monarque abſolu, dans un Pays où l'on n'a pas de reſpect pour les Loix Fondamentales, où un Pouvoir cherche à empiéter ſur l'autre ; qu'il n'y en a à la Cour d'un Souverain dont le Pouvoir eſt borné par les Loix, & qui reſpecte la Conſtitution.

Un Prince, qui marche au Deſpotiſme, eſt donc bien éloigné de ſe procurer cette augmentation de Pouvoir réel dont il ſe flatte.

Il eſt aſſez ſimple qu'il ſe forme, ſous les Gouvernemens Deſpotiques, des eſpèces de Confédérations dans l'Etat contre le Souverain. Des perſonnes, dont les vues, dans le principe, ſont droites & pures, & qui ſouffrent de l'abus du Pouvoir, ſe réuniſſent entre elles; ſe diſent: puiſque nous ne pouvons pas détruire le Deſpotiſme, tâchons du moins de le diriger vers le bien; & arrêtons, autant qu'il eſt en nous, ſon action, s'il vouloit ſe porter au mal. Ces Confédérations contre le Souverain, quand même elles ne finiroient pas ordinairement par dégénérer, & par ſacrifier le bien général à leur intérêt, à leurs vues particulières, ſeroient toujours nuiſibles : au lieu de diminuer les maux de l'humanité, elles les augmenteroient toujours : car ne pouvant pas agir ouvertement, elles doivent donc intriguer : elles doivent cabaler pour entourrer le Prince de perſonnes qu'elles ſuppoſent dans les bons principes, & en éloigner celles dont les principes leur paroiſſent ou mauvais ou ſuſpects. De-là il réſultera des protections & des perſécutions ſouvent injuſtes, ſouvent même directement contraires au but de la Confédération : car les perſonnes, qui ſe croient les plus ſages, ne ſont pas toujours celles qui ſe trompent le moins. D'un autre côté, pour pénétrer les caractères de ceux que l'on veut employer ou éloigner, il faut ſe maſquer, paroître différent de ce que l'on eſt : il faut donc apprendre à tous les Membres de la Confédération le grand art de ſe déguiſer : il faut, pour bien faire, que tous ſoient obligés de rendre compte aux Chefs de la Confédération de tout ce qu'ils voient & de tout ce qu'ils entendent : Ainsi la confiance réciproque ; la franchise, qui devroit être la première de toutes les vertus sociales, doit disparoître nécessairement dans un Pays où ces sortes de Confédérations auront une fois pris une certaine consistance. Le Souverain, qui s'appercevra de ces menées sourdes, se méfiera de tous ceux qui l'environnent : une triste expérience apprendra aux Citoyens qu'il faut toujours être en garde l'un vis-à-vis de l'autre : il n'y aura plus d'amitié, plus de sûreté dans le commerce de la vie, ni même dans l'intérieur des Familles, & les liens les plus doux de la Société se trouveront rompus (*d*). Ces

---

(*d*) Voyez *Objections aux Sociétés secretes.* S'il existoit une société qui parviendroit à établir une espèce de monopole de l'estime publique, il est sûr qu'elle gouverneroit le monde, & que les despotes les plus déterminés ne feroient plus que des machines dont elle dirigeroit à son gré les mouvemens. On conçoit que l'établissement d'une telle société pourroit avoir de grands attraits ; mais on conçoit aussi que le despotisme qu'elle exerceroit, si elle abusoit de son influence, (ce qui ne pourroit guères manquer d'arriver) seroit pire que celui des plus cruels tyrans : il entraîneroit à sa suite la dépravation de l'espèce humaine : car la vertu se roidit contre la force & les tourmens ; mais elle résiste rarement à l'action non-interrompue du mépris ou de l'indifférence publique. La vraie vertu, dira-t-on, doit savoir se passer de l'estime publique. Elle sait s'en passer quand il le faut ; mais elle aimeroit toujours mieux ne pas être dans la nécessité de s'en passer. Il ne faut pas trop exiger des hommes ; il ne faut pas les tenter, les éprouver sans nécessité : nous n'en avons pas le droit.

Ces maux ſont une ſuite du Deſpotiſme ; car il produira toujours de pareilles Confédérations. Un Prince qui marche au Deſpotiſme, corrompt par conſéquent le caractère & les mœurs de ſon Peuple.

Il le corrompt encore d'une autre manière & diminue en même tems ſon Pouvoir. Le caractère & les Mœurs d'une Nation, & le Pouvoir du Souverain dépendent néceſſairement du reſpect que l'on a pour les Loix : or, comment peuvent-elles être reſpectées dans un Pays où le Souverain inſpire lui-même, par la conduite qu'il tient à l'égard de celles auxquelles il eſt ſoumis, le mépris des Loix ? Les Auteurs les plus célèbres conviennent qu'on ne ſauroit procéder avec trop de circonſpection, quand on abolit d'anciennes Loix ou qu'on en fait de nou-

---

Le déſir de l'eſtime publique eſt un ſentiment reſpectable par lui-même : ne le gênons point dans ſon cours : ſi ceux qu'il fait agir ne ſont point vertueux, ils le deviendront quand l'expérience de l'injuſtice des hommes les aura guéris (pourvu que cela ne leur arrive pas trop tôt) du déſir d'en être eſtimés. Habitués à la vertu, ils finiront par l'aimer pour elle-même.

Je ne puis pas voir, ſans gémir, la dépenſe exceſſive d'eſprit qui ſe fait dans le monde, pour enfanter des projets chimériques. Au lieu de ſonger à former des anges, que ne cherchons-nous plutôt à trouver un ſyſtême de légiſlation tel que nous puiſſions vivre en paix entre nous, tels que nous ſommes ? La vertu pure ſera toujours rare : elle ne doit pas entrer dans un plan de légiſlation. Contentons-nous d'écarter les obſtacles qui pourroient s'oppoſer à elle : ne ſouffrons pas que des fourbes empêchent l'effet naturel du ſentiment qu'elle doit inſpirer : mais ne l'appellons pas à nous avec importunité. Pas de prix de vertu, de bienfaiſance ; pas de charlatanerie ; nous riſquons de faire venir l'hypocriſie à ſa place

velles : qu'un Souverain ſe fait du tort à lui-même & à la Nation, quand il change légèrement, même cette eſpèce de loix auxquelles il a le droit d'en ſubſtituer de nouvelles. Quel tort ne doit-il pas faire par conſéquent à ſon Pouvoir, & juſqu'à quel point ne doit-il pas corrompre le caractère & les mœurs de la Nation, quand on lui voit violer, ſans ſcrupule, le contrat qu'il a fait avec elle, & traiter avec mépris les Pouvoirs légitimes.

Quelles que pures que pourroient être dans le fond les vues d'un tel Prince, on ne le croira jamais. On ſera toujours perſuadé que c'eſt ſon aggrandiſſement ſeul, le ſeul déſir d'une fauſſe gloire ; le déſir de changer & non le déſir de remplir ſes obligations, qui le guide dans ſes entrepriſes : & ſes Miniſtres & ſes Sujets croiront ne ſuivre que ſon exemple en ſacrifiant toujours à leurs intérêts perſonnels, à leur gloire, & l'intérêt du Monarque & celui de la Nation. Comment un Prince qui brave les Loix auxquelles il eſt ſoumis, ou (ce qui ſeroit peut-être encore d'un plus funeſte exemple) qui chercheroit à les plier, à les interpréter à ſa manière, peut-il s'attendre à trouver des Miniſtres vertueux? La vertu nous fournit des motifs ſuffiſans pour nous déterminer à ſacrifier notre tems & notre fortune au bien général, au bien de l'humanité : mais elle ne nous en fournit aucun pour nous déterminer à ſervir la perſonne du Monarque : ſur-tout ſi ce Monarque force ſes ſujets, par ſa conduite, de penſer qu'il ne veut pas, ou qu'il ne voit pas le bien. Or, c'eſt ce qu'ils doivent penſer d'un Prince, quelles que ſoient ſes intentions, qui foule aux pieds les Loix fondamentales ; car on ne peut juger des hommes que par leurs actions.

Il eſt donc vrai que, loin d'augmenter ſon Pouvoir, un Prince, qui manifeſte la volonté de changer de ſon chef la Conſtitution d'un Pays, quelle qu'elle ſoit, le diminue ; & qu'il corrompt le caractère & les mœurs de ſon Peuple.

Il fait à ſa Gloire un tort irréparable.

Si le Pouvoir abſolu ſe trouvoit entre les mains d'un Dieu, ce ſeroit, dit-on, & je l'ai dit moi-même, de tous les Gouvernemens le plus heureux; car ce Dieu verroit toujours le bien ; il le voudroit toujours ; & il n'y a pas de Gouvernement ſuſceptible d'une exécution plus prompte. Suppoſons que cette dernière aſſertion fût vraie, quoiqu'elle ne ſoit pas même vraie à la lettre ; (car on peut imaginer des Gouvernemens, où l'exécution ſeroit également prompte, & où le Monarque n'auroit pas la poſſibilité de faire le mal) mais ſuppoſons qu'elle fût vraie, que faudroit-il en conclure ? Que ce ſeroit un acte de prudence de confier à un ſeul, ou à pluſieurs hommes un Pouvoir ſans bornes ?

On peut dire avec autant de vérité: ſi tous les hommes étoient des Anges, il ne faudroit pas de Gouvernement: ſi tous les Juges étoient des Sages, il ne faudroit pas de Loix Civiles. Peut-on en conclure: donc il ne faut pas de Gouvernement; donc il ne faut pas de Loix Civiles ?

Les *Loix* doivent règner ſur les hommes; il faut leur obéir à la lettre & les exécuter avec vigueur. Une marche lente & timide mène rarement au but. Mais le Pouvoir que l'on confie aux hommes depuis le Monarque juſqu'au dernier Juge de village, doit toujours être plus ou moins circonſcrit; toujours clairement déterminé par la Loi, non-ſeulement pour le bien général, mais même pour le plus grand bien de ceux qui gouvernent (*e*).

(*e*] Il ne s'enfuit point de-là que les loix doivent, pour ainsi dire, mener les hommes en lesse: ce seroit tout le contraire de ce que je pense. La manie de tout régler est un des plus grands abus de nos Gouvernemens. Il faut règler le moins qu'il est possible, non parce que les choses vont mieux d'elles-mêmes, qu'elles n'iroient si elles pouvoient être réglées parfaitement; mais parce qu'il y en a beaucoup qu'on n'a pas le droit de régler; & beaucoup, telles que le commerce & sur-tout les opinions, qu'il est impossible, quand même on en auroit le droit, de régler de manière que les maux, résultans des réglemens mêmes, ne soient pas pires que ceux que l'on craint, en abandonnant ces choses à leur allure naturelle.

Il ne faut pas perdre de vue le but principal de l'ordre social. Dès qu'un réglement (quelqu'utile qu'il seroit à un objet particulier) éloigne de ce but, il ne faut pas se le permettre.

Les réglemens, que le législateur juge nécessaires, doivent être faits de manière, qu'on ne puisse ni se méprendre sur son intenrion, ni la mésentendre de propos délibéré.

Les occasions, où les loix ont le droit de prescrire, sont rares. Quand elles ont ce droit ce n'est que par des conventions particulières : le contrat social ne le leur donne pas. (Voyez chap. V & VI. *Betrachtungen*, &c.) Il est même rarement de la *prudence* de prescrire ce qu'il faut faire : il est ordinairement *plus court* de dire ce qu'il faut *ne pas faire.* Je dis ordinairement, car il faut bien que les démarches, pour exécuter les loix, soient prescrites aux Magistrats: mais ceux-ci tiennent à l'Etat par des conventions particulières. Les loix fondamentales doivent se borner à dire ce que le Monarque doit *ne pas se permettre* : cela suffira si elles sont bien *faites*.

Si elles sont bien faites, le Souverain a donc le droit de faire rout ce qu'elles ne lui défendent pas; & dans tous les

Quand on songe qu'il n'y a pas de Despotisme légal dans le monde, & que les Nations en Corps ont toujours le droit, quelle que soit la Constitution, de la changer si elle ne leur paroît pas conforme au but pour lequel on s'est réuni en société; on ne peut pas s'empêcher de prévoir que les hommes reprendront tôt ou tard, de force, le Pouvoir qu'on a usurpé sur eux. Il est fort probable qu'ils n'en seront pas plus heureux si cela se fait d'une manière tumultueuse : voilà pourquoi, quelque ennemi que je sois du Despotisme, je le suis aussi des révoltes : mais je n'en suis pas moins persuadé que de grandes révolutions nous menacent de toutes parts : la fermentation est générale dans les esprits, les lumières sont trop répandues & le joug trop manifeste pour ne pas s'y attendre (*f*).

---

cas où il a ce droit, il a le choix des moyens, sur lesquels il n'est pas obligé d'écouter des avis. Les hommes sont si bavards; les corps si portés à l'opposition, qu'on ne finiroit jamais si on les écoutoit.

Quand on n'a pas le droit d'agir, il faut chercher à convaincre : quand on a le droit de son côté, la conviction de la partie adverse est quelquefois un acte de prudence; mais elle n'est pas nécessaire : souvent ce seroit perdre son tems que de la chercher. Souvent, pour se faire écouter, il faut savoir dire aux hommes *obéissez & ne raisonnez pas.* Mais ce n'est pas là agir despotiquement; c'est agir avec vigueur. Le despotisme réside dans l'*illégalité*, dans l'*absence de droit*.

(*f*) Il me paroît bien difficile qu'une révolte mène les peuples au bonheur. S'il est difficile de faire entendre raison à un Monarque, comment fera-t-on entendre raison à des chefs de rebelles, dont les intérêts sont ordinairement si divisés entr'eux, & si différens de l'intérêt général? Comment se flatter que l'ordre naîtra dans le sein du désordre?

Comment eſt-il poſſible que des Provinces éclairées ne prévoient pas cet événement, & qu'ils ne cherchent pas eux-mêmes à le prévenir, & à établir leurs droits & la ſûreté des Peuples ſur une baſe plus ſolide, en formant de concert avec la Nation des Conſtitutions dans les Pays où il n'y en a pas.

Comment des Princes éclairés & juſtes ne voyent-ils pas que tout devroit les porter à exécuter ce magnifique projet.

Le Prince, qui le premier en donneroit l'exemple,

C'eſt cette difficulté de faire entendre raiſon, non-ſeulement à la multitude, mais à toute eſpèce de corps; la difficulté très-réelle qu'il y a de faire avancer les hommes quand on ne leur parle pas en maître, qui porte & attache au deſpotiſme des perſonnes de très-bonne foi, qui déſirent ſérieuſement le bien; tandis que les maux, que produit le pouvoir arbitraire d'un ſeul, perſuadent à d'autres que tout ira bien, pourvu qu'il y ait une bonne conſtitution.

Sans doute il faut qu'il y ait une conſtitution : je crois l'avoir ſuffiſamment prouvé dans ce diſcours : ſans conſtitution rien n'eſt ſtable. Mais il ne faut pas croire non plus que la conſtitution ſoit tout : c'eſt la légiſlation qui eſt le grand-œuvre : le but de la conſtitution eſt d'empêcher la machine de ſe déranger. Ainſi, quand la légiſlation eſt bonne, la conſtitution en eſt le complément : c'eſt par elle ſeule que cette bonté de la légiſlation devient un bien réel : quand au contraire la légiſlation eſt mauvaiſe, alors la bonté même de la conſtitution peut être un mal.

Je développerai ces idées avec plus d'exactitude dans mes *Réflexions pratiques.*

C'eſt preſque toujours faute d'avoir aſſez approfondi les raiſons de ceux qui ſont d'un avis différent du nôtre, que nous les accuſons de mauvaiſe foi & d'entêtement.

feroit aux yeux de tout l'univers un Ange defcendu du Ciel pour fauver les Hommes ; il mériteroit que la poftérité élevât des temples à fa mémoire.

Ce projet ne peut pas s'exécuter avec précipitation ; mais l'exécution, quoique fort difficile, n'en eft ni impoffible, ni auffi lente qu'on pourroit le penfer. Cependant il faudroit avoir grand foin de ne pas l'exécuter à rebours ; de ne pas commencer, par exemple, par la Légiflation ; mais de faire précéder celle-ci par la Conftitution : car, quoique le grand nombre ne foit pas en état de faire des Loix, il eft fort en état de les juger. Une Loi, qui fait crier tout le monde, eft ordinairement mauvaife : &, fi je l'ofe dire, les Princes mêmes les plus éclairés & leurs Miniftres ne font guères capables non plus de faire des bonnes Loix : car une Loi, pour être bonne, doit être profondément méditée ; & les Princes & les perfonnes en place n'ont ni l'habitude ni le tems de méditer ; il faut appeller à fon fecour les lumières de toute la Nation, & s'il eft poffible, de l'Europe.

Il ne faut pas même commencer brufquement par la Conftitution : car, comme elle doit être faite de l'aveu de toute la Nation, pour être valide, il faut faire d'abord une Légiflation préparatoire, qui feroit uniquement relative à la manière dont on convoqueroit la Nation, & comment on la feroit repréfenter pour avoir la plus grande affurance poffible ; qu'en procédant enfuite de concert avec les Repréfentans, à la formation d'une nouvelle Conftitution, cette Conftitution feroit faite de l'aveu de toute la Nation.

S'il eft clair qu'un Prince, qui auroit la grandeur

d'ame de prendre ce parti, obtiendroit & mériteroit à juste titre la plus grande gloire que jamais Prince ait acquise; un Prince, qui *persisteroit* (g) à suivre

[g] Je dis qu'un Prince, qui détruit les loix fondamentales dans ses Etats, fait à sa gloire un tort irréparable. Il est clair qu'il n'en est pas de même d'un Prince qui, entraîné d'un côté par le désir du bien public, peut-être même par les plaintes d'un grand nombre de ses sujets contre les formes existantes; & d'un autre côté par l'expérience qu'il auroit faite des obstacles que rencontrent toujours les changemens même les plus utiles que l'on veut faire passer à la pluralité des suffrages; se seroit laissé aller à vouloir changer de son chef la constitution de ses Etats; mais qui, sentant ensuite l'illégalité de sa marche, seroit revenu ou reviendroit sur ses pas. Un tel Prince mériteroit & obtiendroit à juste titre les plus grands éloges de la postérité, & inspireroit à ses sujets la plus vive reconnoissance. Il n'y a que de très-mauvais esprits qui pourroient ne pas sentir toute la grandeur d'un tel procédé.

En général il faudroit, en jugeant, séparer les hommes des actions. Celles-ci doivent toujours être jugés avec rigueur; ceux-là, souvent avec indulgence. Il y a une grande différence entre *mal faire*, & *être blâmable d'avoir mal fait.*

Moins la vérité d'un Principe a été généralement reconnue dans le temps dans lequel on a agi, moins on doit être condamné d'avoir méconnu ce principe en agissant.

Je crois avoir prouvé dans cet écrit qu'un Monarque n'a pas le droit de toucher de son chef à une constitution, quand même elle seroit évidemment vicieuse: mais combien y a-t-il de personnes éclairées qui aient été bien pénétrées de cette vérité jusqu'à présent? J'en ai rencontré fort peu; & c'est précisément ce qui m'a déterminé à écrire sur cette matière. La plupart de ceux à qui l'on parle, même de ceux qui défendent la constitution de leur pays avec le plus de zèle, vous diront qu'un Souverain peut changer de son chef une constitution qui seroit vicieuse évidemment; mais qu'il ne

la route opposée; qui, loin de mettre lui-même des bornes à son Pouvoir chercheroit à détruire, ou

---

doit pas toucher à celle de leur pays, parce qu'elle est bonne. Ce raisonnement, quand même il seroit vrai, seroit dangereux pour tous ceux qui n'ont pas des idées nettes de l'évidence; & il y a peu d'hommes qui en aient des idées nettes: car les hommes n'agissent pas d'après la réalité des choses ? ils ne peuvent agir que d'après les impressions que ces choses font sur leur esprit. Ce n'est pas la conviction des autres, c'est la nôtre qui nous guide.

Ainsi, du moment que vous admettez que l'on peut changer de son chef une loi fondamentale qui seroit mauvaise, tout est dit, il n'y a plus de règle, il n'y a plus de constitution. Vous devez admettre qu'on pourroit la changer également, quand même elle seroit bonne & du moment que vous admettez qu'on pourroit la changer de son chef, si elle étoit évidemment vicieuse, vous devez excuser celui qui, la croyant telle, entreprendroit ce changement de son chef: vous devez l'excuser, à moins que vous n'ayez commencé par lui donner une idée nette de l'évidence.

Ce raisonnement seroit nuisible sous ce point de vue, quand même il seroit vrai: mais il est faux en lui-même. Je l'ai prouvé dans la première partie de ce discours. Quand il n'y a pas de *droit*, l'*évidence* n'en donne pas. Il y a des cas où l'on n'a le *droit* d'agir que quand on a l'*évidence* de son côté: mais qu'est-ce que cela veut dire? Quelle est dans ces cas la chose qui doit être *évidente?* C'est le *droit*. L'*évidence du droit*, mais non l'*évidence d: l'utilité* donne le droit d'agir.

Il ne faut pas faire un petit mal, dût-il en résulter le plus grand bien. On n'a pas le droit de rendre un homme heureux malgré lui. Ce sont là les principes qui font la base de tout ce que j'ai prouvé dans ce discours; dès que l'on s'en écarte, on s'égarera toujours. Ils sont vieux ces principes; mais ils sont si vieux qu'on les a oubliés. En effet, combien y a-t-il d'ouvrages de notre tems dans lesquels ils soient développés bien clairement? Combien n'y en a-t-il pas au contraire qui mè-

par la force, ou par la Politique les loix fondamentales dans ses Etats; feroit certainement à sa gloire

---

nent à des conséquences tout opposées? C'est donc moins à ceux qui méconnoissent ces vérités dans la pratique, qu'à l'instabilité des principes sur lesquels on appuie la morale, qu'il faut s'en prendre des maux qui affligent l'humanité.

Le nombre des personnes, même dans la classe qu'on nomme la classe éclairée de la société, qui méconnoissent ces vérités, est beaucoup plus grande qu'on ne pense. Tous ces hommes, qui seroient honteux de ne pas marcher sans guide; tous ceux qui, par esprit de bienfaisance, voudroient que les loix eussent une marche qui permît à leur raisonnement de les éluder quelquefois; qui, pour faire du bien à leur prochain, ne se font pas scrupule de se mettre au-dessus des loix; seroient des despotes s'ils en avoient le pouvoir: de même que tout despote, s'il étoit simple citoyen, se mettroit au-dessus des loix s'il en avoit l'occasion. Les faux principes de ce genre sont aussi nuisibles à ceux qui commandent, qu'ils sont nuisibles à ceux qui obéissent.

Ce que je viens de dire n'est relatif à aucun pays, à aucun évènement en particulier. Je suis beaucoup trop peu instruit des faits pour songer à faire des applications. Je pose des principes: & quand je donne des exemples, c'est uniquement pour qu'on ne déduise pas de mes principes des conséquences fausses. Ce même motif m'oblige à donner encore un éclaircissement.

J'ai dit que des Princes éclairés & justes devroient mettre eux-mêmes des bornes à leur pouvoir. Si l'on vouloit en conclure qu'il n'y a donc pas de Prince juste & éclairé, parce qu'il n'y en a pas (depuis long-tems du moins) qui ait donné cet exemple à l'humanité; on tireroit de ce que j'ai dit une très-fausse conséquence.

Il n'est pas étonnant que l'idée de mettre des bornes à leur Pouvoir ne vienne pas d'elle-même à des Souverains très-bien intentionnés d'ailleurs. Qu'éprouvent les Princes qui sont les plus portés au bien; qui ont la plus ferme volonté de

un tort irréparable ; tort dont les plus grandes qualités, les plus brillantes conquêtes ne le fauveroient

---

de maintenir les Loix en vigueur; de foulager la misère publique, & de traiter ceux qui ecrafent le Peuple avec la févérité qu'ils méritent? Dans le nombre des projets utiles qu'ils conçoivent, il y en a plus de la moitié qui échouent; parce que ceux qui perdent à la réforme des abus, leur tendent conftamment des pièges : or, ces Princes voyant combien peu leur volonté eft fuffifante pour faire réuffir des projets utiles, même dans cet état de Toute-puiffance dans lequel ils *croient* fe trouver; n'ayant pas affez réfléchi pour fentir que le defpotifme lui-même eft la caufe de ces maux, comment fongeroient-ils à mettre à leur bonne volonté de nouvelles entraves; à donner à d'autres volontés le droit de contredire la leur?

Les Princes, ainfi que les autres hommes, ne jugent ordinairement de ce qui eft poffible que par ce qu'ils voient fous leurs yeux : or, de nos jours, dans tous les Pays où le Pouvoir Monarchique fe trouve limité, c'eft bien moins par les loix qu'il eft limité, que par des volontés, quelquefois bonnes, fouvent mauvaifes, que les Légiflateurs ont jugé à propos d'oppofer au Pouvoir des Chefs de la Nation.

Pour que l'idée de mettre des bornes à leur Pouvoir vînt aux Souverains, il faudroit qu'ils fuffent convaincus d'abord qu'on peut mettre des bornes à fon Pouvoir, fans foumettre fa volonté, à la volonté, & par conféquent aux vexations des autres hommes.

Faire dépendre fa volonté de la volonté d'un autre, & faire dépendre fa volonté des Loix, font deux chofes bien différentes. Il n'y a pas d'homme qui confentira de bonne grace à la première : quel eft celui d'entre nous qui voudroit introduire lui-même dans fa maifon un Cenfeur, fans l'avis duquel il ne pourroit rien entreprendre? Mais prefque tous les hommes confentiroient volontiers à la dernière. Vouloir ne faire dépendre fa volonté, ni de la volonté des autres, ni des Loix, ne peut être que le vœu d'un homme injufte : celui qui manifefte cette volonté, fe déclare l'ennemi du bien public : il fe met en état de guerre avec tout le genre-hu-

jamais ; car plus les idées nettes sur le droit réciproque des hommes se répandront dans le monde, & plus la manière, dont le Public jugera les Princes, se rapprochera de celle dont ils sont appréciés par les Sages auxquels les conquêtes & les trophées ne font jamais illusion.

RÉFLEXIONS PRATIQUES.

SI les hommes étoient dans une profonde ignorance de leurs droits, on auroit peut-être moins de sujet de chercher à les éclairer ; mais ils se trouvent dans un état moyen dont il résulte nécessairement une vacilation dans les principes qui ne peut produire que des maux. C'est un état dont on ne sauroit les tirer trop tôt, & s'il y a un moyen de les en délivrer, c'est de leur montrer la vérité dans toute sa simplicité; des opinions exagérées nuisent à la meilleur cause. Il faut tâcher de parvenir à des résultats fixes, & il seroit heureux pour l'humanité que

---

main. Ce vœu est non-seulement le vœu d'un méchant, c'est le vœu d'un insensé : car, que l'on soit sujet ou Souverain, il faut opter, il n'y a pas de milieu ; il faut que notre volonté dépende des autres hommes, ou des Loix. C'est une vérité incontestable que j'ai déja prouvée sous plusieurs points de vue, & que je développerai encore mieux dans les *Réflexions Pratiques* qui suivent ce Discours. Si les Souverains étoient convaincus de cette vérité : s'ils voyoient clairement que, pour ne pas dépendre des hommes, il faut dépendre des Loix ; que l'un est possible sans l'autre, & que le moyen le plus efficace, par conséquent, pour étendre leur Pouvoir, seroit de circonscrire leur propre volonté par des Loix; ils seroient aussi portés à établir des Loix Fondamentales, qu'ils semblent les avoir en aversion aujourd'hui.

tous ceux , qui ont des idées nettes ; voulussent y travailler.

Des ouvrages, qui ne sont dictés par aucun esprit de parti, sont à la vérité moins lus, moins prônés que ceux que dicte l'exagération ; mais ce sont les seuls qui puissent être utiles, sur-tout dans de telles circonstances, & c'est ce qui m'a déterminé à publier le Discours précédent joint aux réflexions suivantes.

§ I.

Dans le Discours précédent je n'ai parlé principalement que du Despotisme-Monarchique : mais quand on dit qu'il faut détruire le Despotisme on veut dire qu'il faut bannir, autant qu'il est possible, tout l'arbitraire de l'ordre-social : c'est-à-dire qu'il faudroit monter l'Administration de manière que ce fussent les Loix & non les hommes qui gouvernassent.

Le Despotisme peut exister sous toutes les formes de Gouvernement ; & il peut être direct ou indirect. Il est direct, quand le Pouvoir, qui est confié soit aux chefs, soit aux subalternes, n'est pas déterminé par la Loi ; il est indirect, quand le Pouvoir qui leur est confié, est à la vérité déterminé par la Loi ; mais que les Loix sont mal faites, & qu'elles peuvent par conséquent être éludées, ou par ceux à qui le Pouvoir est confié, ou par d'autres.

La destruction du Despotisme est donc bien plus dépendante de la bonté de la Législation, & de la maniere dont l'Administration est montée, que de la forme du Gouvernement. Plus l'Administration sera simple, moins les objets dont elle s'occupera seront variés & compliqués, & plus il sera facile d'éviter le Deſpotiſme, c'eſt-à-dire l'Arbitraire dans la marche des affaires. Ainſi, toutes choſes d'ailleurs égales, l'Arbritraire paroît plus difficile à éviter dans une République que dans une Monarchie, parce que la machine eſt plus compliquée : les avantages que le Gouvernement d'un ſeul a ſur le Gouvernement Républicain, paroiſſent diminuer en raiſon que l'art de la Légiſlation ſe perfectionne ; mais, s'il falloit choiſir entre deux maux, on préfereroit le Deſpotiſme-Monarchique au Deſpotiſme-Républicain.

L'Arbitraire eſt fort difficile (pour ne pas dire impoſſible) à éviter ſous tous les Gouvernemens où la liberté du Commerce & de la Preſſe ne ſera pas illimitée, ou du moins fort grande ; où les Impôts indirects ne ſont point transformés en un Impôt-territorial (*h*) ; où les Adminiſtrations n'auront pas le courage de ſe débarraſſer d'une multitude de ſoins, qu'elles ont attirées à elles par un déſir du bien mal-entendu. Il faut ſavoir ne pas s'occuper, ne pas s'inquiéter de certains objets, pour s'occuper d'autant mieux de ceux dont on doit s'occuper néceſſairement.

C'eſt la non-exiſtence ou le vice des Loix Fondamentales, qui conſtitue le Deſpotiſme direct ou indirect des Chefs : & c'eſt le vice ou la non-exiſtence des Loix Civiles & de Régie, qui produit le Deſpotiſme direct ou indirect des Subalternes.

L'exiſtence ou la bonté des Loix Fondamentales ne prouve pas la bonté des Loix Civiles & de Régie : ainſi la bonté de la Conſtitution ne prouve

---

(*h*) Je ne conſidère ici l'impôt-territorial & la liberté du Commerce & de la Preſſe que dans le rapport qu'ils ont avec le Deſpotiſme.

pas la bonté du Gouvernement; mais elle assure la durée de l'Ordre actuel, quel qu'il soit.

Par la même raison, la destruction du Despotisme des Subalternes dans une Monarchie n'étant rien moins qu'une suite nécessaire de la limitation du Pouvoir-Arbitraire du Monarque, il ne faut pas croire qu'il suffise, pour éviter le Despotisme, de mettre des bornes au Pouvoir du Souverain : il n'y a pas de liaison nécessaire entre ces deux Despotismes.

De deux Pays, dont l'un auroit de bonnes Loix d'Administration, c'est-à-dire, de bonnes Loix Civiles & de Régie, mais pas de Loix, ou de mauvaises Loix Fondamentales; tandis que l'autre Pays auroit une bonne Constitution, mais de mauvaises Loix Civiles & de Régie, le dernier Pays seroit le plus malheureux; non-seulement parce que la bonté même de sa Constitution lui assureroit la durée de son déplorable état, mais parce que le bonheur, c'est-à-dire la sûreté & la liberté dépendent plus immédiatement des Loix d'Administration, que des Loix Fondamentales.

Le vice ou la non-existence de la Constitution ne se fait sentir que de loin en loin, tandis que le vice ou l'abus de l'Administration se fait sentir à chaque instant. D'ailleurs, le Despotisme des Subalternes (& par la même raison le Despotisme des Chefs d'une République) est plus dur que celui du Monarque; parce que la distance des Citoyens à eux est moindre que celle des Citoyens au Monarque, & que leurs intérêts, par la même raison, sont plus mêlés.

On aimeroit mieux vivre, s'il falloit opter, dans celui des deux Pays qui n'auroit pas de Constitution :

mais ils feroient malheureux l'un & l'autre; l'un de fait, & l'autre parce que fon bonheur ne feroit que tranfitoire : car, quoique le défaut de Conftitution ne rende point par lui-même les Loix d'Adminiftration mauvaifes, il eft impoffible, comme je crois l'avoir fuffifamment prouvé dans le Difcours, qu'il n'entraîne pas leur ruine à fa fuite, & que le Defpotifme d'un Chef n'engendre pas celui des Subalternes.

Cependant on fent, par ce que je viens de dire, qu'il peut y avoir des perfonnes de très-bonne foi fort portées pour le Pouvoir-Arbitraire d'un feul. Le Defpotifme des Subalternes dans une Monarchie, difent-elles, eft auffi contraire au Pouvoir du Chef, que nuifible aux Sujets : le Monarque abfolu eft par conféquent porté par fon propre intérêt à réprimer ce Defpotifme, à donner de bonnes Loix, à fimplifier l'Adminiftration. Il y eft plus intéreffé que n'y font intéreffés les Chefs dans une République; & il a plus de moyens qu'eux, & qu'un Monarque dont le Pouvoir eft limité, pour exécuter fes projets. Tout cela eft vrai, du moins en grande partie. Cela prouve que le Gouvernement Monarchique en effet a de grands avantages; mais cela ne prouve pas qu'il doive être Arbitraire : cela prouve que les Loix Fondamentales doivent être bien faites, & que toutes les Conftitutions exiftantes font peut-être mal faites : cela prouve qu'il feroit de l'intérêt d'un Defpote de faire toutes ces chofes : mais l'expérience nous prouve qu'ils n'en font rien. Et comment les feroient-ils? Il faudroit qu'ils fuffent plus que des hommes : & dès-lors ils fentiroient que le bonheur du Defpotifme eft un bonheur éphémère : ils chercheroient à détruire le mal dans fa racine.

Le

Les perſonnes portées pour le Pouvoir Monarchique abſolu, qui réfléchiſſent, ne regardent pas le Pouvoir-Arbitraire d'un ſeul comme utile en lui-même : elles ſentent, comme nous, qu'il vaudroit encore mieux que ce Pouvoir fut réglé par les Loix; mais elles ne croient pas que cela ſoit poſſible : elles croient, qu'en limitant le Pouvoir du Monarque, on étendra toujours celui des Subalternes : or, entre deux maux, elles préfèrent celui qui leur paroit, & qui en effet ſeroit le moindre, ſi leur ſuppoſition étoit vraie; mais c'eſt leur ſuppoſition qui eſt fauſſe : & plus l'art de la Légiſlation ſera perfectionné, plus elle ſera fauſſe.

Si les Loix Fondamentales faiſoient du tort aux Loix d'Adminiſtration, les Apologiſtes du Deſpotiſme auroient raiſon : mais pourquoi leur feroient-elles du tort?

Quelle raiſon y a-t-il de croire, parce que les unes de ces Loix ſont bien faites, que les autres ſeront mal-faites? Pourquoi ne pourroit-on pas exprimer clairement ce qui eſt défendu aux Subalternes, parce qu'on aura exprimé clairement ce qui doit être défendu au Souverain? La clarté des Loix détruit le Deſpotiſme en général; c'eſt-à-dire, bannit l'Arbitraire de l'Adminiſtration. Quand tout le monde ſait ce que chacun dans l'Etat a le droit de ſe permettre, le Deſpotiſme ne peut plus ſe déguiſer, & dès lors il eſt à peu près nul : & tous ceux qui jouiſſent d'un Pouvoir légitime, ſur-tout le Monarque, en qui réſide la plénitude du Pouvoir exécutif, doivent néceſſairement gagner à ſa deſtruction : car le Pouvoir illégitime ne peut guère exiſter long-temps, ſans exiſter aux dépens du Pouvoir légitime. Tout le monde gagneroit à la deſtruction du Deſpotiſme, & ceux qui obéiſſent,

& ceux qui ont le droit de commander; ceux-là parce qu'ils n'obéiroient plus qu'aux Loix, ou du moins qu'à ceux qui ont le droit d'ordonner, de la manière que les Loix les y autorisent; & ceux-ci parce qu'ils seroient plus sûrs que leurs ordres seroient exécutés. Les Intriguans seuls, c'est-à-dire, ceux qui veulent gouverner sans en avoir le droit, y perdroient.

Il en est du Gouvernement comme de toutes les autres choses de ce monde : pour qu'il soit bon, il faut non-seulement qu'il nous procure des avantages, mais que ces avantages soient durables. Le but de la Constitution est la conservation de l'Ordre établi : mais la perfection de la Constitution consiste à assurer la durée de l'Ordre-social, sans en diminuer la bonté, & sans en empêcher la perfectibilité.

Une telle Constitution existe-t'elle? Non. Est-elle possible? J'en suis persuadé, pour ne pas en dire d'avantage.

Si l'on n'entendoit par Constitution que ces Pouvoirs opposés les uns aux autres; ces Corps dans l'Etat, dont les intérêts sont différents & se contre-balancent, il se pourroit très-bien que les Apologistes du Despotisme eussent raison : je suis persuadé (& des Auteurs François célèbres & respectables de notre temps en ont été persuadés & l'ont enseigné long-temps avant que j'y eusse pensé) que ces contre-poids ne rendent la machine que plus compliquée. Il ne faut pas confondre les Loix Fondamentales mêmes, qui prescrivent ce que le Monarque doit ne pas se permettre, avec les *mesures* directes ou indirectes que l'on prend pour l'empêcher de violer ces Loix. Les contre-poids dont je parle ne sont que des moyens que l'on a imaginés pour veiller sur le Monarque.

Quand les Loix elles-mêmes font énoncées vaguement; qu'elles fe contentent, pour ainfi dire, d'oppofer au Monarque un Pouvoir ou des Pouvoirs Intermédiaires, au bon-fens & à la bonne volonté defquels elles s'en rapportent pour empêcher le Prince d'abufer de fon Pouvoir; elles augmentent l'Arbitraire au lieu de le diminuer. Il en eft dans ce cas des Pouvoirs Intermédiaires, à peu-près comme de la Cenfure des Livres qu'on a imaginée pour limiter la liberté de la Preffe. Une bonne partie des Réflexions que j'ai faites contre la Cenfure, font applicables ici. (Voyez Chap. IV. *Betrachtungen.*) C'eft la pareffe des Légiflateurs, l'ignorance des juftes mefures à prendre, qui a fait imaginer ces moyens inefficaces.

Le Légiflateur ne doit jamais compter ni fur la bonne volonté ni fur l'intelligence des hommes: ce qu'il veut il doit chercher à l'obtenir par les Loix. Mais la différence qu'il y a entre la conduite qu'il doit tenir à l'égard des Citoyens, & celle qu'il doit tenir à l'égard de ceux à qui il confie le Pouvoir; c'eft qu'il doit limiter la liberté des premiers le moins qu'il eft poffible; & celle des derniers, par la même raifon, le plus qu'il eft poffible.

Plus les Loix font parfaites, & moins il eft néceffaire, par la nature de la chofe, de prendre des mefures pour les faire obferver: car, les fuppofant parfaites, on en fentira la perfection foi-même, & on ne fera pas tenté, fi l'on eft jufte, de les violer: & quand même on ne feroit pas jufte, leur perfection étant généralement reconnue, leur tranfgreffion entraînera trop évidemment l'indignation publique après foi, pour qu'on puiffe être tenté, pour peu qu'on ait de l'honneur, de les violer. Est-il nécessaire que la Police prenne des mesures pour empêcher les personnes d'une certaine Classe de voler publiquement dans les poches? Non. Pourquoi? Parceque c'est une infamie reconconnue pour telle que de voler dans les poches. En attendant, quoiqu'il ne faille pas des mesures de Police, il faut cependant proscrire les vols & punir ceux qui s'en rendent coupables : la Loi & la peine n'ont pas d'inconvénients. Mais si, pour empêcher le vol dans une Assemblée, on lioit les mains derrière le dos à tous ceux qui s'y trouvent, que diroit-on?

Quand les Loix Fondamentales sont bien faites; quand on y trouve bien clairement énoncé & détaillé ce que le Monarque ne doit pas se permettre, on peut & il faut exprimer dans ces Loix, c'est-à-dire, dans la Constitution, que personne ne doit obéir au Prince, quand il ordonne une chose contraire aux Loix Fondamentales, & à toutes celles dont le Législateur ne lui aura pas donné le droit de dispenser.

L'opinion publique, dès que les Loix seront claires, c'est-à-dire, dès que chacun saura exactement ce qu'elles proscrivent, sera un Pouvoir-Intermédiaire plus efficace que ne le seroient des Parlements.

Que les Loix soient évidentes; & l'opinion publique suffira, non-seulement pour contenir le Prince, mais aussi pour empêcher les Sujets d'obéir, lorsque le Prince voudra les faire agir contre les Loix. Qui est-ce qui obéiroit à un Prince aujourd'hui, s'il ordonnoit un Assassinat?

Cependant je ne prétends pas qu'il faille se contenter de ce seul défenseur de la Constitution, (l'opinion publique) quelque puissant qu'il soit à mes yeux. Quand les Loix Fondamentales sont évidentes, on peut leur donner une Sanction pénale, qu'on ne pourroit jamais se permettre, tant qu'elles seront aussi défectueuses que le sont nos Constitutions actuelles; une Sanction pénale qui, sans donner dans l'Etat à aucun Corps particulier de Pouvoir redoutable ou vexatoire, seroit plus redoutable pour les Princes, qu'aucun Pouvoir qu'on pourroit leur opposer. Le crime de Lèse-Constitution doit être le plus grand des Délits : & on peut imaginer des peines (pour ceux qui s'en rendent coupables au premier chef, soit en ordonnant, soit en obéissant) capables de guérir de l'envie de s'en rendre coupables les hommes les plus puissants.

S'il y a des Loix, qui doivent être faites de manière qu'elles ne soient pas susceptibles de différentes interprétations, ce sont les Loix Fondamentales : mais les objets sur lesquels elles portent sont en si petit nombre, qu'on peut espérer raisonnablement, pourvu qu'on en ait la volonté, de venir à bout, sans de prodigieux efforts de génie, de les faire telles qu'elles doivent être faites.

Sans approfondir cette matière, jettons-y un coup-d'œil.

Tant que le Monarque pourra employer les armées avec la même facilité pour opprimer son Peuple, avec laquelle il les fait marcher pour le défendre, & avec laquelle il doit avoir la faculté de les faire marcher pour réprimer les séditions : tant qu'il pourra imposer la Nation à volonté : tant qu'il pourra faire des Loix, ou en abolir; c'est-à-dire, tant qu'il pourra, sans le consentement exprès de la Nation, déranger l'Ordre établi : tant qu'il ne sera pas exprimé dans la Constitution jusqu'à quel point le Monarque est soumis lui-même pour sa Personne aux Loix Civiles : tant qu'il ne ſera pas fixé avant toute autre choſe, d'une manière invariable, comment la Nation doit être repréſentée ; il n'y aura pas d'Ordre-ſocial.

C'eſt du plus ou moins de perfection de toutes ces choſes enſemble, que dépend le plus ou moins de perfection de l'Ordre-ſocial. Mais quand une fois 1°. la manière de convoquer, ou plutôt de faire repréſenter la Nation ; 2°. la manière de percevoir les Impôts & d'adminiſtrer les fonds publics ſeront réglées & que 3°. le Code des Loix Civiles & Criminelles ſera fait ; le reſte n'eſt plus difficile. Or c'eſt le reſte, c'eſt-à-dire les meſures que l'on prend pour que l'Ordre une fois établi ne ſoit plus dérangé, qui forme la Conſtitution. Par exemple : c'eſt dans la Conſtitution qu'il faut exprimer d'une manière claire & préciſe dans quels cas l'Armée doit ne pas obéir au Monarque : c'eſt dans la Conſtitution qu'il faut exprimer ce que l'on entend par *changer l'Ordre établi*, & ce que l'on entend par *gouverner*, &c.

§. II.

QU'on ne s'imagine pas que l'on détruiroit le Pouvoir-Monarchique, ſi l'on déterminoit dans la Conſtitution dans quels cas l'Armée doit ne pas obéir au Chef de la Nation.

Si l'on établiſſoit un Pouvoir dans l'Etat, ſans le conſentement duquel le Monarque ne pourroit pas raſſembler ou faire marcher les Troupes dans certains cas, & qu'il dépendît de la prudence & de la bonne volonté de ce Pouvoir d'accorder ou de refuſer ſon conſentement ; alors les Monarques auroient de juſtes ſujets de ne pas être contents d'un tel arrangement : car on rendroit leur volonté dépendante de la volonté arbitraire d'un autre : ce qui eſt une choſe à laquelle perſonne à leur place (voyez la Note *g.*) ne ſe prêteroit de bien bonne-grace. L'ordre-ſocial même, loin d'y gagner, y perdroit : l'exécution qui doit être prompte deviendroit lente ; & en général on augmenteroit l'Arbitraire dans l'Adminiſtration, au lieu de le diminuer. (Voyez le § 1.) Mais quand on exprime dans la Conſtitution, par des Loix claires & bienfaites, dans quel cas l'Armée doit ne pas obéir au Monarque ; alors on prend un parti ſans lequel il eſt impoſſible de mettre des bornes au Deſpotiſme, ſans lequel il n'y aura jamais de ſûreté pour la Nation ; & loin de reſtreindre le Pouvoir du Monarque, on l'étend dans le fait.

Il ne ſuffit pas, pour que l'Armée marche, que le Souverain veuille la faire marcher, il faut *qu'elle veuille* marcher : & pour qu'elle le veuille, il faut ſur-tout que le Corps des Officiers en ait la volonté.

Si l'on conſidère à préſent que le Corps des Officiers forme, du moins dans beaucoup de Pays, une des Claſſes les plus éclairées de la Société, on ſentira que les Armées ſeront bien plus portées à obéir ſi elles ſont cenſées au ſervice de l'Etat ; ſi leur obligation d'obéir eſt fondée ſur les Loix, que ſi elle n'eſt fondée que ſur une Convention particulière faite avec la perſonne du Souverain ; & ſi la Loi ou la Convention qui leur preſcrit l'obéiſſance eſt conforme à la Raiſon, que ſi elle eſt déraiſonnable. Ainſi ſi on oblige les Armées d'obéir au Monarque dans tous les cas ſans aucune reſtriction, comme elles ſentiront qu'il eſt impoſſible qu'il n'y ait pas des cas qui devroient être exceptés; des cas où l'obéissance est moralement-impossible, parce qu'elle seroit contraire à leur obligation naturelle antérieure à toute Convention, à toute Loi positive; elles se permettront bien plutôt de consulter quelque-fois avec leur conscience avant d'obéir; & même de désobéir ou d'obéir mal dans ces cas; qu'elles ne se le permettroient si la Loi elle-même déterminoit les cas où l'obéissance doit cesser.

Si la Loi exprimoit clairement les bornes de cette obéissance, guidées pour ainsi dire par le Législateur lui-même, elles s'en rapporteroient à sa sagesse : la sagesse de la Législation appaiseroit les scrupules qu'elles pourroient avoir quelque-fois, & elles obéiroient d'autant plus promptement au Monarque sans examen dans tous les cas non-exceptés par la Loi.

Personne n'est plus convaincu que je ne le suis qu'il n'y auroit plus d'obéissance du tout, si ceux qui doivent obéir pouvoient se permettre de raisonner sur les ordres qu'on leur donne; de les analiser. Il faut remplir ses engagements & obéir aux Loix à la lettre : mais pour que cela soit moralement possible, il faut commencer par être convaincu qu'on a le *droit* d'obéir; & dans la règle il faut même être convaincu (du moins pour obéir de bon-cœur) que celui qui ordonne a le droit d'ordonner.

Il ne le faut pas toujours pour être obligé d'obéir; car les Individus dans la Société sont obligés d'obéir aux Loix, quand même ils n'auroient point la conviction qu'il existe un Contrat-social. Ils doivent obéir, quand même ils seroient sûrs qu'il n'existe pas un tel Contrat; quand même ils seroient sûrs que celui qui les gouverne est un

Uſurpateur. Ils doivent alors cette ſoumiſſion, non au droit de celui qui gouverne ; ils la doivent au bon-ordre, au bien général, c'eſt-à-dire à eux-mêmes & à leurs Concitoyens.

Mais on ne peut obéir dans aucun cas, à moins qu'on n'en ait le *droit*.

Examinons donc à préſent 1°. ce que c'eſt que cette obéiſſance paſſive que nous devons, ſoit à nos engagements, ſoit aux Loix ; & quelles ſont les bornes de cette obéiſſance. 2°. examinons quelle différence il y a, entre l'obéiſſance que nous devons à un homme ou à quelques hommes auxquels nous nous ſommes engagés d'obéir, & l'obéiſſance que nous devons aux Loix ; enfin quelle différence il y a entre l'obéiſſance que les Citoyens en général & les Exécuteurs des Loix doivent à l'Etat, quand il n'y a pas de Contrat-ſocial légal, & celle qu'ils doivent à l'Etat, quand il exiſte un tel Contrat.

Pour bien développer mes idées, il faut remonter aux principes. C'eſt ce que je ferai. Je m'écarterai même de mon ſujet pour faire un Epiſode ſur le Bonheur ; parce que je m'imagine que je jetterai par là un nouveau jour ſur tout ce que j'ai dit juſqu'à préſent, & établirai mes principes ſur une baſe d'autant plus ſolide.

DU BONHEUR.

LE Bonheur des hommes en général eſt le but de la Morale & de la Légiſlation : cependant on fait des Traités de Morale, des Codes de Loix, & on ne commence pas par ſe demander ce que c'eſt que ce Bonheur que l'on cherche ; ou du moins on ſe contente d'idées vagues, on ne commence point par se procurer du Bonheur une idée nette. Cela n'est-il pas inconséquent ? Cela est inconséquent de la part de ceux qui desirent le bien : mais cela ne l'est point de la part de ceux qui veulent tromper les hommes. Il leur est commode d'avoir à leur disposition un certain nombre de grands mots dont le sens est indéterminé, & qu'ils peuvent interpréter à leur maniere pour nous séduire.

De Philosophes qui ont discuté cette matière de très-bonne-foi, se sont, ce me semble, trompés quelquefois ? parce qu'ils ont confondu la question : *ce que c'est que le Bonheur* : (question par laquelle il faudroit commencer la recherche) avec la question : *quels sont les moyens les plus sûrs pour parvenir au Bonheur.*

Quel est l'état dans lequel il faut que tout homme & même tout animal se trouve pour être heureux ? C'est là la question qu'il faudroit se faire.

Si on me la faisoit, je dirois : cet état *est un état permanent de contentement.* Et si on me demandoit ensuite quel est l'état dans lequel il faut se trouver pour être content, je dirois :

Il faut ne pas avoir de peines ni physiques ni intellectuelles : il faut par conséquent *ne pas être gêné dans le libre exercice de ses facultés.*

L'absence de peines produit le *contentement* & la *continuité de cet état* est ce que je nomme, & ce que l'on doit nommer le *Bonheur*, ou, si on l'aime mieux, la *Félicité.*

Si l'on me disoit que c'est un triste Bonheur, qu'un Bonheur négatif qui ne consiste qu'à ne pas souffrir; je répondrois qu'une existence qui n'est pas pénible, est une jouissance. La succession des sensations que nous éprouvons, & la succession de nos idées sont des jouissances qui forment, du moment qu'aucune de ces idées ou de ces sensations n'est pénible, un état de Bien-être très-positif.

Il seroit aussi peu réfléchi de dire que l'absence de peines ne produit pas un Bonheur positif, que de dire que l'absence de doutes ne produise pas une conviction positive.

De même que l'absence de tout doute produit la conviction, l'absence de toute peine produit le Bonheur.

On sent même assez généralement que l'absence de peines est un état agréable, puisque l'on dit que la santé est un bien; puisque la vie est réputée un bien par elle-même.

Elle n'en seroit pas un, si l'absence de peines n'étoit pas un état agréable : mais elle en est un du moment que l'absence de peines produit le contentement. Dès lors la masse des biens l'emporte sur les maux : car l'état ordinaire, l'état habituel de tout homme & de tout animal est de ne pas souffrir; & du moment que l'absence de peines est un état agréable, l'absence des plaisirs par la même raison n'est pas une peine. En effet les plaisirs ne sont rien pour celui qui ne les connoit pas. *Ignoranti nulla cupido.*

De deux animaux, dont l'un n'auroit pas le besoin d'un plaisir quelconque, tandis que l'autre en auroit le besoin & le satisferoit; croyez-vous que le dernier seroit plus heureux que le premier? mais ce n'est pas là de quoi il s'agit.

Il semble que nous n'agissons (quoique nous ne nous rendions pas compte de ce motif) que pour nous maintenir dans cet état d'*absence de peines*; & il en est de même de tous les animaux. Les besoins naturels leur font rechercher les plaiſirs : ces beſoins ſatisfaits, ils n'y penſent plus ; & ſous ce point de vue ils ſont plus heureux que nous, qui ſommes bien plus tourmentés par notre imagination que par nos beſoins.

Il y a des perſonnes qui ſe ſoumettroient volontiers à ſouffrir des peines très-continues pour obtenir ce qu'elles deſirent : mais pourquoi? Parce que la peine de ne pas poſſéder ce qu'elles recherchent eſt pour elles une plus grande peine, que celles auxquelles elles ſe ſoumettent pour parvenir à leur but.

Il y a des hommes qui ne conſentiroient pas à renoncer à des deſirs qui les tourmentent, mais il n'en eſt pas moins vrai qu'il vaudroit mieux pour eux de ne pas les éprouver.

Je ne dis pas qu'il faille renoncer aux plaiſirs de la vie : les plaiſirs ne ſont pas contraires au Bonheur, ni même les deſirs de ces plaiſirs, du moment qu'ils ne ſont pas violents : mais je dis que les plaiſirs ne forment pas le Bonheur. Ils ſont au Bonheur ce qu'un Cadre élégant eſt à un beau Tableau : Le Tableau peut exiſter ſans le Cadre.

Les plaiſirs, quoiqu'ils ne ſoient pas contraires au Bonheur quand on s'y livre avec modération, ne peuvent pas le former ; car on ne peut jouir des plaiſirs que de loin en loin : ſi l'intervalle qui les ſépare n'eſt pas un état agréable, nous ne ſommes pas heureux : & il en eſt de même des animaux. Or comment cet intervalle, c'eſt-à-dire, la plus grande partie du temps de notre exiſtence, peut-il être agréable ; ſi ce n'eſt par l'abſence de peines, par le libre exercice de nos facultés ?

Je ne dis pas que l'abſence d'une peine en particulier ſoit un plaiſir ; ni qu'une ſenſation ou une idée en particulier, qui n'eſt pas pénible, ſoit un plaiſir : elle n'en eſt pas un, à moins qu'elle ne ſoit nouvelle. On ne nomme plaiſirs que les ſentiments vifs, plus-vifs que ceux auxquels nous ſommes habitués. Je dis que l'état *d'être ſans peines*, de ne pas être *géné* dans l'uſage de ſes Facultés, de ne rien trouver dans le Magaſin de ſa Mémoire qui cauſe un ſouvenir pénible, eſt ce qui forme le Contentement dont la continuité fait le Bonheur.

La différence qu'il y a, entre le Contentement des Bêtes & le nôtre, c'eſt que le nôtre eſt réfléchi, & non le leur : nous avons le *ſentiment* de notre Bien-être : elles n'ont pas le ſentiment du leur. Sous ce point de vue nous avons un grand avantage ſur elles.

On me dira peut-être qu'un homme ſans deſirs ſeroit un être qui s'ennuieroit beaucoup, & par conſéquent fort malheureux : je le nie. Un homme dégoûté de tout eſt un Etre malheureux, mais non un homme ſans deſirs, du moins ſans deſirs pénibles; ſans cette eſpece de deſirs qui ne peuvent pas être ſatisfaits d'un moment à l'autre.

On me dira encore que cet état d'abſence de peines eſt impoſſible dans la Nature. Quant à cela j'en conviens : il n'y a rien de parfait ſous le Ciel. Il n'y a pas de Carré, pas de Cercle parfait : faut-il en conclure qu'on ne doit pas déterminer en Géométrie ce que c'eſt qu'un Carré ou un Cercle; & que cetre Science eſt moins exacte parce qu'il n'y a pas de Cercle parfait dans la Nature?

Le principe que je viens d'établir eſt d'une grande fécondité. Je le prouverai en le développant dans une autre occaſion. Mais que l'on convienne avec moi ou non que le Bonheur réſide dans l'abſence de peines, cela ne fait rien dans le fond à la choſe dans ce moment-ci, pourvu qu'on admette que *l'abſence de peines* eſt la *baſe* du Bonheur de tout Etre ſenſible. Or c'eſt une propoſition que ſelon toute apparence on ne me diſputera pas.

Il ſuffit qu'on l'admette, pour ſentir que le premier ſoin de l'homme & de tout animal doit être de ſe préſerver des peines.

La première prière, la ſeule peut-être qu'un animal foible devroit faire aux animaux forts & oppreſſifs qui l'environnent, eſt de ne pas en être troublé. Ne me faites point de mal, & je vous diſpenſe de me faire du bien : c'eſt là le langage qu'il devroit leur tenir. Heureux ! s'il pouvoit être exaucé. C'eſt moins pour s'entraider, que pour ſe préſerver du mal, qu'on s'eſt réuni en Société.

CONSÉQUENCES.

I.

NOus pouvons être malheureux par notre faute ; nous pouvons l'être par les évènements & par la volonté des autres hommes. Mais ſi les autres hommes peuvent nous rendre malheureux, ou du moins nous cauſer des peines, oppoſer des obſtacles à notre Bonheur ; ils ne peuvent pas de même nous rendre heureux : les moyens, qu'ils voudroient employer pour avancer notre Bonheur, ſouvent nous en éloigneroient. Notre Bonheur doit être notre ouvrage.

Ce n'eſt donc pas pour nous rendre heureux réciproquement ; c'eſt 1°. pour nous préſerver des maux que nous pouvons nous faire les uns aux autres ; 2°. pour nous garantir d'autant mieux des évènements fâcheux, que nous avons formé le Contrat-ſocial : c'eſt donc (comme je l'ai dit *page* 12) la ſûreté qui a été notre but en le formant ; *la ſûreté de nos perſonnes*, non la ſûreté de l'Etat. Il faut ſans doute ſonger auſſi à celle-ci *par rapport* à la première ; mais il n'eſt pas néceſſaire de la prêcher : ce n'eſt pas faute de s'en occuper, que les Princes péchent de nos jours ; & je crois qu'il y a peu d'hommes ſenſés qui ne renonçaſſent volontiers à ce genre de ſûreté.

Si la ſûreté de nos perſonnes eſt le but du Contrat-ſocial, il faut donc avant toute autre choſe chercher à détruire le Deſpotiſme ; car rien n'eſt plus directement contraire à la ſûreté, que de dépendre de la volonté ambulatoire des hommes.

Il faut chercher auſſi à mettre les Citoyens à l'abri des évènements fâcheux ; mais ce n'eſt pas là le but principal du Contrat-ſocial : ce n'eſt pas même là, à la rigueur, ce qui a déterminé les hommes à le former ; car ils peuvent atteindre ce but, indépendamment du Contrat-ſocial, par des Conventions.

C'eſt pour qu'ils ne lèſent pas réciproquement leurs droits, & par conſéquent auſſi pour qu'ils ne manquent pas aux Conventions qu'ils ont faites entre eux, que le Contrat-ſocial eſt néceſſaire.

Je ne dis pas qu'on ne doive pas ſe faire du bien l'un à l'autre ; qu'on ne puiſſe pas chercher à ſe *perfectionner* réciproquement : (pourvu que l'on ne s'aviſe pas de vouloir *perfectionner* l'autre contre ſon gré) je dis que ce n'eſt pas là le but que l'on peut préſumer du Contrat-ſocial, & s'il s'agiſſoit de faire un nouveau Contrat-ſocial, je dis que ce n'eſt pas là le but qu'il faudroit ſe propoſer; parce qu'il eſt apparent, pour ne pas dire infaillible, qu'en cherchant à parvenir à ces vues du ſecond & du troiſième ordre, on manqueroit le but principal. Cherchons à atteindre ce but; & les hommes ſe feront moins de mal qu'ils ne s'en font aujourd'hui. Ils ſeront donc plus parfaits.

Défions-nous des hommes à ſyſtêmes compliqués. Ils diſent que nous ſommes des pareſſeux; & ils ont peut-être raiſon : mais ne ſeroit-il pas poſſible qu'il y en eût entre eux dont le ſeul but fût de nous faire manquer le nôtre; parce qu'ils ſentent que leur règne finiroit, ſi les Rois & les hommes en général étoient aſſez ſages, pour profiter des avis que nous oſons leur donner?

2.

Si l'abſence de peines eſt la baſe de notre Bonheur, ſi pour être heureux il faut ne pas être gêné dans le libre exercice de ſes facultés; il eſt clair que le premier deſir de tout homme eſt de ne pas être *forcé d'agir* contre ſa volonté. Le ſecond, de ne pas être *empêché d'agir* au gré de ſa volonté; & le troiſième enfin, (mais qui eſt un deſir bien ſubordonné aux deux premiers) d'être *aſſiſté* par ces ſemblables dans l'exécution de ſes volontés.

On voit qu'il y a une diſtance prodigieuſe entre le dernier de ces vœux & les deux premiers. L'homme, qui refuſe de nous aſſiſter dans nos projets, ne nous met pas dans une poſition plus fâcheuſe que nous ne ſerions s'il n'exiſtoit pas : mais l'homme qui nous empêche d'agir, (quand nous en avons le droit) ou qui nous force d'agir

contre

contre notre gré, eſt l'inſtrument de notre malheur; ſon exiſtence eſt un obſtacle à la douceur, à la tranquillité de la nôtre. Celui-ci eſt un homme *injuſte* : l'autre, s'il peut ſe prêter à nos vues ſans ſe nuire à lui-même & ſans nuire à un tiers, manque d'*équité* : mais comme tout homme eſt maître de ſes actions, & que nous ne pouvons jamais ſavoir *poſitivement* s'il a, ou n'a pas de juſtes ſujets de nous refuſer l'aſſiſtance que nous lui demandons, nous n'avons pas de droit formel de nous plaindre de lui.

La manière dont j'ai diſtingué les obligations parfaites des obligations imparfaites, eſt donc conforme à la nature des choſes. Ainſi 1°. *agir* n'eſt jamais une obligation parfaite, à moins qu'on ne ſe ſoit engagé *à agir* : nos obligations naturelles parfaites ſe réduiſent à *ne pas* troubler le bonheur de nos ſemblables, à *ne pas* léſer leurs droits; elles ſont négatives. 2°. Toute obligation naturelle *poſitive* eſt imparfaite : on n'eſt jamais qu'imparfaitement obligé *à agir*.

Si l'on veut réfléchir ſur ces principes, on ſentira 1°. que toute colliſion entre deux ou pluſieurs obligations naturelles parfaites eſt phyſiquement-impoſſible. Je dis *obligations* : je ne dis pas *droits* : car il n'eſt pas phyſiquement-impoſſible que nos *droits* naturels ſe trouvent en colliſion avec nos *obligations* naturelles *parfaites*.

2°. Le but du Contrat-ſocial n'étant pas, ne pouvant pas être de rendre les hommes heureux, mais d'écarter les obſtacles que les uns peuvent oppoſer au bonheur des autres, on ſentira que les Loix, auxquelles ſont ſoumis les Citoyens qui ne tiennent pas à l'Etat par des Conventions particulières, ne doivent point *preſcrire*, mais qu'elles doivent se borner à *proscrire*; & que, si elles étoient faites d'après ce principe, il seroit de même physiquement-impossible qu'il y eut collision entre elles & les obligations naturelles parfaites. (*i*) On sentira

3°. Qu'il ne peut jamais y avoir de collision entre nos obligations naturelles imparfaites, & nos obligations parfaites soit naturelles, soit résultantes des conventions que nous avons faites; qu'il ne peut par la même raison jamais y avoir de collision entre nos obligations imparfaites & les Loix Civiles; c'est-à-dire que cette collision, quoique

---

(*i*) Si les Loix doivent se borner à proscrire, toutes les Loix actuelles, qui obligent les simples-Citoyens à des Dénonciations, sont donc, me dira-t-on, injustes.

Je ne dis pas le contraire : ces Loix en effet, telles qu'elles sont, non-seulement sont injustes, mais elles sont mal-vues sous tous les rapports possibles : car 1°. les Législateurs devroient en général être fort attentifs à ne pas donner eux-mêmes des leçons de trahison & de mauvaise foi. 2°. S'ils veulent que les Loix obligent les consciences; s'ils veulent qu'elles ne soient pas éludées à chaque instant, ils doivent avoir grand soin de ne pas mettre les Consciences des Citoyens dans l'embarras. S'ils n'ont pas cette attention, ils mettront les Loix de l'Honneur en opposition avec les leurs, & dès lors les leurs seront méprisées.

Quand les Loix Civiles se trouvent en contradiction avec les Loix de l'Honneur, on peut parier que le bon-sens est du côté des dernières; & la raison en est bien naturelle: les Loix de l'Honneur sont ordinairement dictées par l'instinct d'un très-grand nombre de personnes; tandis que les Loix Civiles & les préceptes des Jurisconsultes ne sont souvent que les résultats des réflexions de quelques Individus. Or l'Instinct (je le prouverai dans une autre occasion) est & doit être, par la nature des choses, un guide plus sûr que la Raison, tant que celle ci n'est point parfaitement développée : mais quand elle est développée parfaitement, elle devient un guide plus sûr que ne l'est l'instinct.

Il ne s'ensuit point de là que les accusations publiques doivent être proscrites : je suis fort eloigné de le penser. Il y a une grande différence entre une accusation, & une dénonciation ou une délation : le Délateur est un traître; l'Accusateur peut être un fort honnête homme.

Je ne prétends pas même qu'il ne falle pas chercher, dans quelques cas fort graves, à prévenir les délits, en inspirant à ceux, qui pourroient être tentés de les commettre,

physiquement-possible, est moralement-impossible.

Nous pouvons avoir eu tort; nous pouvons avoir mal fait en conscience de prendre un engagement contraire à une obligation imparfaite : mais, l'engagement pris, nous sommes obligés de nous y tenir; & en voici la raison : nous sommes toujours les seuls juges si nous sommes ou ne sommes pas obligés imparfaitement : on ne peut donc pas exiger de nous que nous remplissions une obligation imparfaite : mais celui, avec qui nous avons contracté, a le droit d'exiger que nous ne manquions pas à notre engagement. (*k*)

---

la crainte d'être trahis par leurs Complices : mais comment faut-il s'y prendre alors ? Quand on se croit autorisé à avoir recours à de tels moyens toujours odieux, (& dont il faut par conséquent faire usage le plus rarement qu'il est possible) comment faut-il s'y prendre ? Ce n'est point aux Consciences qu'il faut parler : il ne faut point les mettre dans l'embarras : on n'en a pas le droit. Au lieu de prescrire la Dénonciation, il faut se borner à dire que le Conjuré, par exemple, qui dénoncera la Conjuration, aura sa Grace, &c. La Loi, tournée de cette manière, mènera également au but.

Si les Loix étoient plus conformes à la Raison qu'elles ne le sont; si elles se bornoient à proscrire; & s'il n'y avoit pas cette foule de Loix-prohibitives, aussi nuisibles à l'État qu'elles sont injustes envers les Citoyens; si les Loix avoient pour base un Contrat-social légal; tout le monde seroit persuadé que les Loix obligent en conscience; & cette persuasion garantiroit aux Chefs des Nations l'obéissance de leurs Sujets bien plus qu'on ne pense. Mais dans l'état actuel des choses il est difficile (quelque parti que l'on prenne pour le leur persuader) que les hommes en général se croient liés en conscience par les Loix. Il ne s'ensuit point de là que les Exécuteurs des Loix, même dans l'état actuel des choses, puissent écouter les objections que pourroient leur faire les consciences de ceux qui voudroient se soustraire aux peines dictées par les Loix : les Exécuteurs doivent toujours exécuter à la lettre : d'ailleurs il n'y auroit plus de Loix. Mais il s'ensuit de là que le droit de faire grace, quoiqu'il soit un mal, est, dans l'état actuel des choses, un mal nécessaire; ou plutôt il s'ensuit qu'il faut aux hommes d'autres Loix, & qu'il est de l'intérêt, même du Pouvoir des Souverains, de s'occuper, de concert avec leurs Peuples, des moyens de former un nouvel Ordre-social.

(*k*) C'est là le principe : cependant quand il s'agit de l'appliquer, il y a encore d'autres choses à considérer. Par

4°. Que toute collision est de même moralement-impossible entre nos obligations naturelles parfaites, & les obligations résultantes de nos conventions. On ne peut pas s'engager à léser les droits d'un tiers : toute Convention qui a ce but est nulle dans le principe ; & par la même raison dès qu'il y a collision, c'est l'obligation résultante de la Convention qui doit céder à l'obligation naturelle parfaite, quelque légère que soit celle-ci.

5°. Nos obligations parfaites, c'est-à-dire les droits des autres, sont par conséquent les seules bornes du *droit* que nous avons de faire des Conventions. Ainsi quand la Convention n'est pas nulle dans le principe, quand nous nous sommes engagés librement à obéir, soit à une Société, soit à un Individu, nous sommes obligés *d'obéir* dans tous les cas, dans lesquels nous le pouvons sans léser les droits d'un tiers.

Ces droits non les *nôtres*, (car nous avons pu renoncer à ceux-ci) sont les seules bornes de notre *droit d'obéir*. Il n'y a pas d'obligation imparfaite, par conséquent pas de motif d'utilité publique qui pourroit justifier notre désobéissance : la Convention faite, on ne peut plus se permettre de raisonnement sur tous ces objets. Sans la fidélité à remplir ses engagements, nulle Société parmi les hommes ne peut subsister. Mais dès que pour obéir il faut léser les droits d'un tiers nous n'en avons plus le *droit*.

Il suffit même que nous ayons des doutes à cet égard, pour que nous n'ayons plus le droit d'obéir.

---

exemple il faut savoir si, en faisant le Contrat, nous avons sçu ou non que nous nous engagions à une chose contraire à nos obligations naturelles imparfaites.

Risquer de léser les droits d'un autre, c'est les léser : nous ne pouvons pas avoir le droit d'agir dans le doute.

Nos droits personnels peuvent quelquefois nous autoriser à risquer de léser les droits d'un tiers, puisqu'il y a des cas (quand il s'agit par exemple de notre conservation) où ils nous autorisent même à les léser ; pourquoi donc ne pourrions-nous pas nous engager à risquer de les léser en faveur d'un autre ? Nous ne les pouvons pas parce que nous n'en avons pas le droit. Nous avons le droit de veiller à notre conservation ; mais nous n'avons pas celui de veiller sur les autres : agir dans le doute en faveur d'un homme contre un autre, c'est attaquer celui ci : c'est déclarer qu'il a tort : or cette déclaration est injuste dans le doute. Il peut y avoir collision entre nos droits personnels & nos obligations parfaites : mais il ne peut pas y en avoir entre nos obligations parfaites & nos obligations imparfaites.

Que faut-il donc faire, me dira-t-on, quand nous nous trouvons engagés à obéir à quelqu'un, qui nous ordonne d'agir dans des cas où nous n'en avons pas le droit ; ou bien dans des cas où nous doutons si nous avons ce droit ? Il faut ne pas agir, & déclarer (si cette déclaration est possible) à celui envers qui nous sommes engagés, pourquoi nous n'agissons pas : car de ce que nous n'avons pas le droit de lui obéir dans ces cas, il ne faut pas en conclure que nous ayons celui d'agir contre lui : or le tromper, seroit agir contre lui. Nous ne le pouvons pas, par la même raison par laquelle nous ne pouvons pas léser en sa faveur les droits d'un tiers.

Nous ne le pourrions pas, quand même nous verrions avec évidence qu'il a tort : notre engagement s'y opposeroit. Nous ne le pourrions pas, quand même nous douterions de la validité de notre engagement avec lui.

Il faudroit, pour avoir le droit d'agir contre lui, que nous fussions sûrs de trois choses, 1°. qu'il a tort : 2°. qu'il n'y a pas d'engagement entre nous & lui : 3°. que ceux, en faveur de qui nous voulons agir, consentent que nous agissions en leur faveur. Et quand même nous serions sûrs de toutes ces choses, encore ne serions-nous pas *obligés* d'agir.

Avoir le droit d'agir; *faire bien* d'agir; *être obligé* d'agir, sont des choses qu'il ne faut pas confondre.

Il ne faut pas confondre non plus celui qui ne remplit pas ses engagements avec celui qui les viole.

On peut souvent ne pas avoir le droit d'obéir aux ordres d'agir que l'on reçoit; mais du moment que celui qui ordonne a le droit d'ordonner, on n'a jamais le droit d'agir en sens contraire.

Du moment qu'une Convention n'est pas nulle dans le principe, on est donc obligé d'obéir dans tous les cas où on en a le droit : dans tous ces cas la Raison doit *se taire*, & c'est la *lettre* qui doit *parler*.

Voyons à présent ce qui rend une Convention nulle. Il ne peut pas y avoir de Convention, il ne peut pas y avoir par conséquent de droit d'ordonner, sans un accord libre de Parties-Contractantes : un homme ne peut pas imposer d'obligations à un autre homme : & comme on ne peut pas supposer qu'un homme ait fait librement une Convention, par laquelle il renonceroit à des droits naturels qui sont inaliénables; qu'un homme ait voulu renoncer, par exemple, à l'usage total de ſes facultés naturelles, livrer ſa perſonne à la diſcrétion d'un autre homme, ſoumettre ſa volonté pour toujours dans tous les cas à la volonté arbitraire de cet autre homme; de pareilles Conventions doivent être ſuppoſées nulles. Si l'abſence de peines, le libre exercice de nos facultés naturelles fait la baſe du Bonheur de tout homme, on doit ſuppoſer ces Conventions nulles.

Mais on ſent très-bien qu'un homme peut conſentir de ſoumettre ſa Raiſon à un autre dans certains cas : le Bonheur conſiſte à ne pas être troublé, non à laiſſer un libre cours à ſes volontés & ſes actions dans toutes les occaſions. J'ai dit que le deſir de ne pas être empêché d'agir eſt moindre que celui de ne pas être forcé d'agir : on conſentira par conſéquent avec bien plus de facilité à laiſſer circonſcrire ſa faculté d'agir, qu'on ne conſentira à agir contre ſon gré : ainſi les défenſes ſont toujours plus conformes à la Raiſon que les préceptes.

Pour qu'une Convention, par laquelle on s'engage à obéir, ne ſoit pas nulle, il faut par conſéquent que la faculté d'ordonner ſoit circonſcrite; ou ſi elle eſt illimitée, qu'elle ne ſoit relative qu'à certains cas, à certaines circonſtances : qu'il ne ſoit pas dit, par exemple, *vous ferez toujours tout ce que je vous dirai :* mais qu'il ſoit dit, *vous ferez dans telle occaſion tout ce que je vous dirai, ſans écouter votre Raiſon.*

Une Convention peut être nulle auſſi parce qu'elle eſt contraire à d'autres obligations antérieures parfaites. Il ſuffit qu'elle ait le but de léſer les droits d'un tiers, pour qu'elle le ſoit, même à l'égard de ceux qui par la Convention ne feroient pas tenus d'agir ; mais qui ſeroient complices *paſſifs* :

ceux-ci ne pourroient pas prétendre qu'ils sont moins coupables que les autres, en disant qu'ils se bornent à *ne pas agir*; car consentir qu'un autre *agisse*, l'assister quand il *agit*, c'est *agir soi-même*.

Dès qu'il y a volonté libre des Parties Contractantes; & qu'il n'y a pas d'obligations antérieures, la Convention est valide; il y a droit d'ordonner; & dans tous les cas par conséquent où il y a *droits* d'obéir, il y a *obligation* d'obéir.

Quand on considère 1°. qu'une Convention dans bien des cas peut être censée ne pas avoir été faite librement; que l'homme cependant est le maître de sa personne & de ses droits, qu'il en peut disposer, & que la fidélité à remplir ses engagements est la base de toute Société; 2°. qu'il y a des cas, où, quoiqu'une Convention ait été faite librement; & quelque droit qu'aient pu avoir de la faire les Parties-Contractantes, il seroit inique à l'une de ces Parties d'exiger que l'autre remplît ses engagements; on sentira combien il est nécessaire, que les hommes vivent soumis à des Loix claires, qui fixent leurs droits naturels & leurs idées à cet égard; & qui déterminent les limites au delà desquelles toute obligation résultante d'une Convention doit cesser, soit en proscrivant dans certains cas entièrement les Conventions que l'on pourroit faire sur certains objets, soit en se bornant dans d'autres cas à ne pas donner *d'actions*, c'est-à-dire *d'assistance* à l'une des Parties contre l'autre. (*l*)

(*l*) Celui, qui s'est engagé à une chose qu'il ne peut exécuter sans manquer à ses obligations antérieures, ne doit point remplir ses engagements : cela est clair. Mais, en ne remplissant point ses engagements, il doit, s'il le peut sans léser les droits d'un tiers, remettre la Partie adverse dans l'état dans lequel elle étoit avant le Contrat : &, si la Partie qui s'est engagée à une chose illicite, a rempli la condition,

Je me ſuis écarté de mon ſujet beaucoup plus peut-être qu'il n'eût été néceſſaire pour en venir à la concluſion que j'ai annoncée au commencement de ce Paragraphe : mais ſi les idées qui j'ai développées contribuent en effet à rendre plus évidents les principes que j'ai tâché d'établir dans cet Ouvrage, j'eſpère qu'on ne m'en ſaura pas mauvais gré.

L'obéiſſance que nous devons aux Loix eſt fondée ſur le même principe, ſur lequel ſe fonde la fidélité que nous devons à nos engagements : ce n'eſt jamais que parce que nous l'avons voulu, parce que nous devons être cenſé l'avoir voulu nous-mêmes, que nous ſommes obligés d'obéir aux Loix ; ſoit qu'il exiſte réellement un Contrat-ſocial, ſoit qu'il n'y en ait point, & que ceux qui gouvernent n'aient pas le droit de gouverner.

3.

LEs Principes que j'ai établis prouvent que la ſureté perſonnelle eſt le ſeul but ou du moins le but principal que les hommes puiſſent avoir eu en formant des Sociétés Civiles : car le ſeul Bonheur, ou pour mieux dire les ſeuls *moyens de Bonheur* qu'un homme peut attendre des autres hommes, eſt qu'ils lui procurent cette ſureté ; & cette ſureté, (qui ne conſiſte que dans l'avantage de ne pas être inquiété dans le libre exercice de

---

l'autre Partie, ſi elle ne s'eſt pas engagée de ſon côté à une choſe illicite en elle-même, doit ſatisfaire de ſon côté au Contrat. Les Loix Civiles ne donnent pas toujours d'action contre elle ; & ces Loix ont raiſon : leur but eſt d'oppoſer au mal une barrière de plus : mais les Loix de l'Honneur, qui ne font dans ce cas que les Loix de la ſeine Morale, l'y obligent. Dans ce cas les Loix Civiles & les Loix de l'Honneur ont raiſon.

ſes Facultés) s'il l'obtient par eux, lui ſuffira pour être heureux du moment qu'il voudra l'être. Cela étant, il eſt clair qu'il ne peut pas exiſter de Société, qu'on ne peut pas même en ſuppoſer d'exiſtantes, dont les Membres n'aient fait entre eux une Convention, ſi non expreſſe, du moins tacite, de vivre en paix, de ne pas léſer réciproquement leurs droits, de remplir fidellement leurs engagements; & (s'ils jugent à propos de ſe choiſir des Chefs & de ſe ſoumettre à des Loix) de vivre chacun en particulier ſoumis à ces Loix, & d'obéir à ces Chefs. Cette Convention eſt antérieure à tout Contrat-ſocial : elle en eſt indépendante : elle doit toujours être préſumé exiſtante.

Cette Convention donne non ſeulement aux Loix, mais même aux Conventions que les Individus dans la Société font entre eux, une ſolidité qu'elles n'auroient pas, ſi elles étoient faites entre des Individus qui ne ſeroient point de la Société.

Il eſt clair d'abord qu'on ne peut plus, dès que cette Convention exiſte, manquer aux engagements que l'on a pris avec un ſeul Membre de la Société, ſans leur manquer à tous : mais il y a encore à faire une obſervation d'un autre genre qui prouve mon aſſertion.

J'ai dit que toute Convention, qui a pour but de léſer les droits d'un tiers, eſt nulle. J'ai dit de plus qu'on n'a pas le droit de remplir ſes engagements, quoique valides dans le principe, dès que, pour les remplir, il faudroit, dans un cas particulier, léſer, ou même riſquer de léſer les droits d'un tiers dans la plus légère occaſion. Pour peu que l'on réfléchiſſe à ce dernier principe, on ſentira que les hommes ne pourroient guère compter ſur les Conventions qu'ils font, s'il n'exiſtoit entre eux une espèce de Convention générale, qui leur permit d'agir, dans des cas particuliers, quand il n'est question que d'une lésion infiniment légère, ou bien quand le risque de léser est fort petit & la lésion, que l'on craint de faire éprouver, peu grave en elle-même : car, outre qu'il seroit fort difficile qu'il ne se présentât pas à chaque instant des occasions propres à donner des scrupules aux Parties Contractantes & à les empêcher d'agir, il est clair que des personnes de mauvaise foi prétexteroient souvent des scrupules de ce genre pour manquer à leurs engagements.

Si l'on réfléchit à ce que je viens de dire, on sentira.

1°. Qu'on ne peut jamais présumer de la part des Membres d'une Société un consentement, qui rende valide une Convention dont le but est de léser les droits d'un tiers, & qui par conséquent est nulle dans le principe.

2°. Qu'on ne peut pas présumer non plus que les Membres d'une Société aient consenti qu'on lésât leurs droits pour remplir ses engagements, quand on voit clairement la lésion & qu'elle est grave. Mais si l'exactitude à remplir ses engagements est une qualité plus importante dans la Société, que la crainte trop scrupuleuse de léser, dans des cas particuliers, les droits d'un tiers en remplissant les engagements que l'on a pris; & si l'on doit supposer que des hommes vivant en Société ont renoncé à des droits dont l'usage rigoureux leur seroit à charge & nuisible à eux-mêmes, on sentira.

3°. Que tous les Membres de la Société doivent être censé avoir consenti qu'on ne se laissât pas détourner de remplir ses engagements, 1°. dans le cas qu'il n'en résulteroit, en les remplissant, qu'une lésion infiniment légère ; ou bien 2°. quand la lésion, quoique plus grave, seroit fort douteuse, à plus forte raison 3°. quand la lésion seroit douteuse & légère, & le doute léger.

Or ce consentement général donne aux Conventions particulières une solidité, une assurance qu'elles n'auroient pas, si elles étoient faites entre des hommes qui vivroient isolés : car on ne peut ni léser, ni risquer de léser les droits, même les plus légers d'un homme, à moins qu'il n'y consente, ou ne puisse être censé y avoir consenti.

Cette Convention sociale est aussi la base de l'obéissance que les Individus doivent aux Loix, quelles qu'elles soient, & même aux Usurpateurs.

En effet si l'on doit supposer que les hommes consentent à toutes les choses, sans lesquelles il leur est impossible de parvenir au but auquel ils témoignent par toutes leurs actions de vouloir parvenir, & si la sureté est leur but en formant des Sociétés ; il est clair (quelque injustes & tyranniques que pourroient être des Loix & l'Administration) que les Individus dans la Société doivent être censé avoir consenti de vivre soumis aux Loix & à ceux qui gouvernent, tant que la Société ne jugera pas à propos, ou n'aura pas le pouvoir de reprendre ses droits. Le mal, quelque grand qu'on le suppose, sera toujours moindre qu'il ne le seroit, si ceux-ci se permettoient aussi de violer les Loix : car dès lors il y auroit autant de Despotes que de Citoyens.

Mais si l'obéissance, que l'on doit aux Loix dans ce cas, est différente de l'obéissance que l'on doit aux hommes auxquels on s'est engagé d'obéir (en ce qu'on n'est obligé d'obéir à ceux-ci que quand ils ont le droit d'ordonner, tandis qu'on est obligé d'obéir aux Loix, par la raison que je viens de dire, quand même ceux qui les donnent n'auroient pas le droit de les donner) cette obéissance est bien différente aussi de celle que l'on doit aux Loix & à l'Etat, quand il y a un Contrat-social.

C'est toujours la Convention, que tous les Citoyens ont faite entre eux, qui dirige l'obéissance des Citoyens : or 1°. plus cette Convention sera expresse & claire elle-même; 2°. plus le but de cette Convention sera conforme au but de l'Administration existante, & plus l'obéissance sera active.

Le but de la Convention-sociale est toujours le bien être de la Société. Ainsi, quand il y a un Contrat social légal, le but de cette Convention est que l'obéissance soit parfaite : quand au contraire il n'y a pas de Contrat-social légal & par conséquent pas de droit d'ordonner, le but de la Convention, en prescrivant l'obéissance, est uniquement fondé sur le desir de la paix; sur la nécessité de préférer un moindre mal à un plus grand mal ; l'obéissance parfaite se bornera par conséquent à ne pas violer les Loix qui défendent; mais on ne se croira pas obligé d'exécuter, du moins avec exactitude, les préceptes : & si les Loix prescrivoient des choses contraires aux droits naturels des Citoyens, ou qui parussent telles; à plus forte raison, si elles en prescrivoient, ou si ceux qui gouvernent donnoient des ordres qui parussent aux Membres de la Société contraires aux droits de la Société elle-même, on se croiroit, avec raison, *obligé* de *ne pas* obéir.

Considérons un moment quelle seroit la position des ſimples Citoyens, & quelle ſeroit celle des Exécuteurs des Loix dans les deux cas; c'eſt-à-dire en ſuppóſant d'abord qu'il n'y eût pas dans l'Etat de droit légal d'ordonner, & en ſuppoſant enſuite qu'il y eût un tel droit.

PREMIER CAS.

Dans lequel on ſuppoſe qu'il n'y ait point de droit d'ordonner.

POſition des ſimples Citoyens.

1°. Ils ſeroient obligés parfaitement de ne pas agir contre les Loix qui défendent, à moins que ces Loix ne leur *proſcriviſſent* à eux-mêmes l'uſage de leurs droits naturels. (*m*)

2°. Même dans ce cas il ſeroit toujours mieux fait à eux d'obéir, que de *ne pas* obéir.

L'obéiſſance, ſelon la nature du cas, ſeroit ou une obligation imparfaite, ou quand même elle

(*m*) On me demandera peut-être ce que j'entends par *droits naturels* de l'homme; droits de la première Claſſe. Les principes que j'ai établis fourniſſent la réponſe à cette Queſtion.

Chaque homme a le droit d'être heureux: nul homme n'a donc le droit d'être un obſtacle au bonheur d'un autre homme: mais quel eſt le genre de bonheur auquel chaque homme a droit?

Il y a des hommes difficiles à contenter, & d'autres dont rien ne peut altérer la félicité. Ce n'eſt ni du bonheur que recherchent les uns, ni de celui que ſavent ſe procurer les autres qu'il peut être queſtion, quand on dit que chaque homme a le droit d'être heureux; car nul homme n'a le droit d'exiger qu'on ſatisfaſſe ſes caprices, & on n'a le droit d'exiger d'aucun homme qu'il ſoit un Sage.

Si le Bonheur conſiſte dans l'abſence de peines, tous les hommes peuvent être heureux ſans que le bonheur de l'un ſoit fondé ſur le malheur de l'autre. Ainſi la poſition de chaque homme doit être telle, que s'il eſt malheureux ce ſoit par ſa faute, ou par les évènements, non par la volonté de ſes ſemblables.

Chaque homme a droit par conſéquent à tout ce qui lui

ne feroit pas une obligation *imparfaite*, elle feroit toujours une action vertueufe; c'eft-à-dire une action d'autant plus louable, qu'ils y feroient moins rigoureufement obligés.

3°. Ils feroient obligés parfaitement de ne violer en aucun cas les Loix en faveur d'un tiers (c'eft-à-dire qu'ils ne pourroient agir en fa faveur d'une manière profcrite par les Loix, fans manquer à une obligation parfaite) quelque injuftes que ces Loix leur paruffent; car, quoiqu'on ne puiffe pas fe permettre de préfumer, tant que la Convention-fociale eft tacite, que les Membres de la Société aient confenti de renoncer, chacun en leur particulier, en faveur de la paix à leurs droits perfonnels manifeftes du moment que ces droits font importants; on doit préfumer qu'ils ont confenti de ne pas fe mêler des affaires des autres, de ne pas fe faire *juges* des Loix : car fi chacun vouloit être juge, vouloit que fa Raifon décidât de la validité des Loix, il eft clair que nulle Société ne fubfifteroit.

---

eft néceffaire pour fe garantir des peines qu'il ne fe caufe pas à lui-même. Cette idée renferme tous les droits de la première Claffe.

Outre ces droits, chaque homme a droit à tout ce qu'il peut obtenir fans léfer les droits d'un autre.

Soyez heureux, mais ne le foyez aux dépens de perfonne. Cette maxime renferme toute la Morale.

Ainfi deux chofes déterminent la nature de nos droits & de nos obligations : nos *befoins naturels* & la *poffeffion*. Celle-ci fuffit pour donner un *droit parfait*, quand il n'y a pas d'un autre côté de *befoins naturels* : mais, fi l'un *poffède* une chofe, & qu'un autre en ait *befoin*, celui qui la poffède n'a qu'un *droit imparfait* de la conferver; l'autre a un *droit parfait* de la réclamer. Si elle eft néceffaire aux *befoins* de tous les deux, le *droit parfait* eft du côté de celui qui la *poffède* : l'autre n'a qu'un *droit imparfait* de la réclamer.

Nos *droits parfaits* ne fuppofent pas toujours une *obligation parfaite* du côté de la partie adverfe. J'aurai occafion de développer cette matière encore mieux dans un autre Ouvrage.

4°. Ils ne pourroient être censé obligés qu'*imparfaitement* d'obéir aux Loix qui prescrivent ; & si ces Loix qui prescrivent, prescrivoient des choses contraires aux droits d'un tiers, il est clair, que dans des cas graves, & si la lésion étoit probable, ils seroient *obligé de ne pas obéir*.

Ainsi, qu'on me permette de le répéter, si les Loix se bornoient à proscrire, si elles ne se permettoient pas de prescrire, quelques défectueuses qu'elles pourroient être en proscrivant, par exemple, des actions qui ne seroient ni directement ni indirectement contraires à la sûreté personnelle, elles ne mettroient du moins jamais les simples-Citoyens dans l'embarras; & ceux-ci pourroient être fort bons Citoyens & vivre soumis aux Loix, même sous les Gouvernements les plus défectueux & les plus injustes.

Il n'en est pas de même des Magistrats & des Exécuteurs des Loix en général qui tiennent à l'Etat par des Conventions particulières.

Si ceux-ci pouvoient se croire uniquement engagés envers la personne du Souverain ; s'ils pouvoient être censés à son service & non au service de l'Etat, quelque claires & bien-faites que seroient leurs Conventions avec lui, ils ne seroient presque jamais dans le cas de pouvoir agir : car pour avoir le droit d'agir, il faudroit qu'ils fussent sûrs de ne léser les droits de personne : dès qu'ils auroient des doutes à cet égard, ils ne pourroient plus obéir. Or le doute est l'état le plus ordinaire de l'homme. Les Exécuteurs mêmes de la Justice ne pourroient pas exécuter les coupables.

Quand les Exécuteurs des Loix sont au service de l'Etat, leur position est bien différente, en supposant même qu'il n'y ait pas de Contrat-social

légal

légal. Mais on voit aiſément qu'il y a encore une extrême différence entre cette poſition, & celle dans laquelle ils ſe trouveroient, s'il exiſtoit un tel Contrat : car, dans le doute ſi, en exécutant les Loix & ſur-tout les ordres qu'ils recevroient de leurs Supérieurs, ils léſeroient les droits d'un tiers, leur obéiſſance manqueroit toujours d'activité; &, ſuppoſé qu'elle n'en manquât pas dans les cas où il n'eſt queſtion que des droits des Individus, & où il s'agiroit de procéder d'après les Loix, par la raiſon que la Convention ſociale tacite pourroit & devroit même appaiſer leurs ſcrupules à cet égard, (*n*) elle en manqueroit du moins quand ils auroient des doutes graves & qu'il ſeroit queſtion d'exécuter, non des Loix, mais des Ordres. Et s'ils étoient dans le cas de douter ſi les ordres qu'on leur donne ſont ou ne ſont pas contraires aux droits de la Société elle-même, il eſt clair qu'ils ne pourroient pas agir : car, tant que la Convention-ſociale n'eſt pas expreſſe, on ne peut pas préſumer qu'elle permette d'agir dans ce doute.

(*n*) Si la Convention-ſociale tacite donne de la ſtabilité aux Conventions que les Membres de la Société font entre eux, en les autoriſant à ne pas ſe laiſſer détourner de l'exactitude à remplir leur engagement par de légers doutes ſi en les rempliſſant ils ne léſeroient pas les droits d'un tiers; il eſt clair qu'elle autoriſe à plus forte raiſon les Exécuteurs des Loix à ne pas ſe laiſſer détourner de l'exécution des Loix par des doutes, même plus graves, que ne ſeroient ceux-là.

SECOND CAS,

Dans lequel on suppose un Contrat-social légal.

DAns ce cas l'obligation d'obéir seroit toujours parfaite : l'obéissance auroit par conséquent une très-grande activité ; & cette activité seroit plus ou moins grande en raison que le Contrat-social seroit plus ou moins parfait.

S'il s'agissoit de former un nouvel Ordre-social, tous les Membres de la Société, c'est-à-dire la Nation ou ses Représentants devroient prescrire à tous les Citoyens & en particulier aux Exécuteurs des Loix, d'obéir toujours aux Loix & de les exécuter à la lettre, sans s'inquiéter si, en obéissant & en les exécutant, ils léseroient ou ne léseroient point les droits des Individus & même ceux de la Société en général.

Si l'on réfléchit d'un côté qu'il n'y aura jamais de sûreté personnelle, tant que l'on se permettra de raisonner sur les Loix ; & que le seul moyen de prévenir le Despotisme des Chefs & des Subalternes est d'interdire toute interprétation ; de prévenir tout prétexte d'une procédure arbitraire ; on sentira la nécessité d'une telle Loi générale : & si l'on réfléchit d'une autre côté qu'aucune Convention, aucune Loi ne peut autoriser ceux qui y sont soumis, à manquer à une obligation parfaite, c'est-à-dire, à léser les droits d'un tiers, on sentira qu'il est nécessaire que cette Loi générale soit donnée par tous les Citoyens, ou du moins par leurs Représentans, & qu'elle soit le résultat d'une Convention bien claire qu'ils auront faite librement entre eux : car dès lors, quels que seroient les évènements, il n'y auroit plus d'inquiétude à avoir qu'on lésât les droits de la Société ou de ses Membres.

Chaque homme ayant le droit de renoncer à ses droits, & tous les Citoyens ayant consenti, ayant exigé même dans ma supposition qu'on exécutât les Loix à la lettre, sans qu'on ait à s'inquiéter si elles sont ou ne sont pas contraires à leurs droits; il est clair qu'on pourra les exécuter en effet sans craindre qu'elles soient injustes, ou du moins sans craindre qu'on le soit en les exécutant.

RÉSULTAT.

On voit par tout ce que je viens de dire que plus les Loix seront claires, & la légalité du Contrat-social manifeste, plus l'obéissance sera active, & par conséquent le Pouvoir de ceux qui gouvernent, étendu. On voit que même le Pouvoir, que les Monarques exercent sur les Armées, loin d'être affoibli, recevroit de l'accroissement, si ces Armées, au lieu d'être au service de leurs personnes, étoient au service de l'Etat, & sur-tout si les cas, dans lesquels les Armées devroient ne pas leur obéir, étoient exprimés dans la Constitution; & qu'il fût exprimé en même-temps que dans tous les cas non-exceptés, elles seroient obligées de leur obéir aveuglément. Or c'est ce que j'ai voulu prouver dans ce Paragraphe.

J'Ai dit à la fin du 1er. Paragraphe que le Monarque ne doit pas avoir la faculté de changer l'Ordre établi sans le consentement exprès de la Nation, & qu'on doit exprimer par conséquent dans la Constitution ce que l'on entend par changer l'Ordre établi, & ce que l'on entend par gouverner.

C'est une suite nécessaire de tous les principes que je viens d'établir. Que les Princes gouvernent bien, & ils auront toujours assez à faire. Le successeur d'un grand Prince seroit-il fort à plaindre de ne pas pouvoir intervertir l'Ordre dans lequel il trouveroit la Monarchie?

Il me paroît que les Monarques eux-mêmes, s'ils y réfléchissent, desireront que le bien, qu'ils font ou pourront faire à la Nation de concert avec elle, ne puisse plus être changé par leurs Successeurs.

§ III.

QU'est-ce qui nous fait le plus sentir tout le poids du Despotisme aujourd'hui? C'est sans contredit cette envie de changer l'Ordre établi qui s'est emparé par-tout des Chefs des Nations. S'ils se bornoient à maintenir en vigueur les Loix existantes, quelque mauvaises qu'elles soient, on auroit bien moins de sujets de se plaindre.

Mais qu'est-ce qui leur a inspiré ce desir des Réformes? C'est le desir du bien: c'est d'un côté la conviction intime qu'a tout homme qui pense, que pour rendre les hommes plus heureux qu'ils ne sont, il faut en effet de très-grandes Réformes; & de l'autre côté la facilité qu'on a de présumer, quand on voit le mal, qu'on sera assez habile pour y porter remède.

On auroit dû dire aux Princes que la chose la plus essentielle au bonheur des hommes, est de ne pas les troubler; de les laisser en repos; qu'il ne faut pas, pour rendre les hommes *peut-être* heureux, commencer par les rendre *sûrement* malheureux. Mais qui est-ce qui le leur a dit? Le grand nombre des Ecrits, qui depuis un demi-siècle inondent l'Europe, & sur-tout ces Raisonneurs en sous-ordre qui n'écrivent pas, qui n'entendent pas même ce que l'on écrit, mais qui bavardent, qui tâchent de donner du ridicule à tout ce qu'ils n'entendent pas; qui ne se méfient jamais de leurs forces, qui ne savent ce que c'est que de douter, le disent-ils?

Si la fausse Philosophie a fait le mal, il seroit à souhaiter que la vraie Philosophie en tirât parti: & si elle en venoit à bout, nous saurions gré, même à la première, d'avoir avancé une crise qui auroit amené à sa suite la guérison d'une partie des maux de l'Humanité.

L'esprit de Réforme a fait le mal: cependant il est constant qu'il nous faut un Réformateur. Il faut aux hommes un Ordre-social différent de celui sous lequel ils vivent. Si leur raison est plus mûre, il leur faut un Gouvernement formé par la Raison, par un commun accord, & non par le caprice & le hazard. Il leur faut un Réformateur-Monarque, qui, pénétré de ces vérités, veuille procéder de concert avec la Nation, pour établir un Gouvernement, dont elle puisse se promettre un bonheur permanent; c'est-à-dire une liberté & une sûreté permanente. Il faut que ce Réformateur soit le Souverain légitime lui-même: car c'est le moyen non-seulement le plus légitime, mais aussi le plus court pour parvenir au but; &

il faut qu'il n'agisse que de concert avec la Nation : parce que c'est là la seule manière légale de procéder, & parce qu'il est impossible qu'il inspire de la confiance, & qu'il parvienne par conséquent au but, quelqu'éclairé qu'on le suppose, s'il agit de son chef. Un homme, dont les vues sont droites, & qui est sûr de son fait, ne craint pas de procéder légalement.

S'il se méfie de l'approbation générale, du consentement de ceux que l'intérêt personnel ne porte pas à s'opposer à ses vues, il se méfie de son plan; & dès lors il ne doit pas agir.

Il faut que le nouvel Ordre-social soit établi par la Nation, non-seulement parce que c'est la seule manière légale de procéder, mais parce que c'est aussi la plus sûre pour parvenir à un bon Gouvernement. Un seul ou plusieurs hommes peuvent se faire illusion : on ne peut pas présumer la même chose d'un très-grand nombre d'hommes désintéressés & suffisamment éclairés.

Si l'on me dit que jamais Souverain ne consentira à une telle manière de procéder, je repondrai que je ne le crois pas. Ce n'est pas la bonne volonté, c'est la difficulté de l'exécution, l'ignorance des justes mesures à prendre, qui retient les Souverains. On dit que la volonté leur manque: Je voudrois que ce fût là le seul obstacle au bonheur des hommes. Je dirois : si la volonté leur manque, il faut la leur *faire* venir : il faut les *faire* vouloir, non par des moyens indirects, mais par des moyens *directs* & *francs*, seuls dignes d'être employés par des hommes qui veulent le bien.

Le Problème, comment on peut, sans se rendre coupable, forcer, malgré leurs Armées & sans léser leurs droits, ceux qui ont le Pouvoir en mains, de céder à l'évidence, n'eſt pas impoſſible à réſoudre.

Il n'y a preſque pas d'homme dans le monde (que l'on ſuppoſe ſa volonté bonne ou mauvaiſe) qui ſe refuſera à une démarche qu'on lui démontrera avec évidence, néceſſaire au bonheur du Genre-humain. C'eſt toujours l'incertitude, le défaut d'évidence de l'utilité de la choſe, qui empêche la bonne volonté de ſe rendre, ou qui ſert de prétexte à la mauvaiſe pour ſe refuſer au parti qu'on lui propoſe.

Je ſuis ſi perſuadé de cette vérité, que j'oſe aſſurer qu'il eſt abſolument impoſſible, ſi nous parvenons à avoir l'évidence de notre côté, qu'il n'y ait pas du moins un Souverain conſidérable en Europe, qui ne cède : or, ſi nous en avons un, nous aurons tout ce qu'il nous faut : celui là en aura la gloire; les autres, entraînés par la force d'un tel exemple, ne pourront pas s'empêcher de le ſuivre.

Il ne ſuffit pas de dire à un homme : faites une telle choſe; ni même de lui prouver que la choſe, ſi elle pouvoit ſe faire, feroit utile; il faut lui dire comment il doit s'y prendre.

Ce ne donc pas la faute des Souverains; c'eſt la faute de ceux qui ſe font chargés d'éclairer les hommes, ſi nous ſommes auſſi peu avancés que nous le ſommes : ou pour mieux dire & pour être encore plus juſte, c'eſt en grande partie dans la difficulté de la choſe même qu'il faut en chercher la cauſe.

Suppoſons un Prince qui voulût ſincèrement le bien, qui fût pénétré lui-même de la vérité de tout ce que j'ai dit dans cet Ecrit, qui aimât aſſez la Vertu ou ſa Gloire, pour renoncer de bon cœur à une partie, & même s'il le falloit (ce que je suis fort éloigné de croire nécessaire) à tout son Pouvoir, pour établir de concert avec sa Nation un Ordre-social tel qu'on le desireroit; je demande : que faudroit-il qu'il fît pour agir en homme prudent ?

Si la Philosophie du siècle ne sait pas répondre d'une manière nette & précise à cette question, c'est-à-dire aux questions qu'elle renferme, de la manière que je les développerai, je dirai : cessons de blâmer les Princes, puisque nous ne savons pas nous-mêmes ce que nous ferions à leur place : loin d'échauffer les esprits par nos clameurs prématurées, tâchons d'éteindre le flambeau que nous avons allumé trop tôt; l'époque du salut n'est point encore venue.

Si au contraire, comme il y a tout lieu de le présumer, il existe en Europe un très-grand nombre de personnes qui ont des idées assez nettes pour savoir ce qu'elles feroient à la place d'un tel Prince, qu'elles le disent d'une manière bien claire : que leur conseil soit sans replique, & elles seront écoutées. Quand même les Princes existants ne voudroient pas le bien, c'est égal, l'effet sera toujours le même.

Un Prince prudent, qui veut le bien, ne cherchera pas à être convaincu que la seule manière légale de procéder, pour établir un nouvel Ordre-social, seroit de convoquer la Nation, supposé que cette convocation fût possible; (car il est impossible qu'il n'ait pas cette conviction d'avance) mais il voudra être convaincu de la possibilité de cette Convocation; c'est-à-dire de la possibilité de faire représenter la Nation de manière, que la volonté des Représentants pourra être censée *en effet* la volonté de la Nation.

Un Prince prudent, qui veut le bien, n'attendra pas, pour se déterminer, qu'il ait d'avance la conviction de parvenir sûrement, en convoquant la Nation d'une telle ou telle manière, à établir de concert avec elle un Ordre-social légal, dont on pourra se promettre un bonheur permanent. Cette conviction est à-peu près impossible à avoir d'avance & n'est pas nécessaire. Un Prince, qui veut sincèrement le bien, sentira que le bonheur des hommes vaut bien la peine qu'on fasse des essais, quand même ils seroient infructueux : mais ce Prince ne se déterminera pas, aussi long-temps qu'il aura des doutes si, en convoquant la Nation, il ne risque pas de se mettre en tutèlle sans qu'il en résulte de l'avantage pour la Nation, c'est-à-dire s'il ne s'expose pas à faire passer cette Nation, dont il veut le bonheur, sous un joug plus dur que ne l'est le Despotisme Monarchique actuel.

Ainsi si l'on présentoit à un tel Prince un Plan d'Assemblée Nationale dont on lui démontreroit la possibilité dans l'exécution; & qu'on lui prouvât avec évidence, 1°. qu'en adoptant la manière qu'on lui proposeroit de faire représenter la Nation, l'Ordre-social qu'il établiroit de concert avec ces Représentants, ou plutôt les Conventions, qu'il feroit avec eux relativement à la manière dont il faudroit s'y prendre pour établir un nouvel Ordre-social, seroient en effet faites de l'aveu de la Nation : 2°. qu'il ne risque rien ni pour lui ni pour la Nation, s'il suit le Plan qu'on lui propose; il est clair que ce Prince adoptera ce Plan, sur-tout si, au lieu de lui être présenté par une seule personne, il pouvoit lui être présenté approuvé & signé par un très-grand nombre de personnes de différentes Classes, & sur-tout de differents Pays; de personnes dont les talents & la probité seroient reconnus.

L'évidence même reçoit de l'accroissement par la réunion d'une multitude de suffrages éclairés : ou pour mieux dire nous ne parvenons à avoir la conviction de l'évidence d'une Proposition que par cette réunion de suffrages. Il n'en est pas de l'évidence comme de la vérité & de la conviction : la vérité est une; une chose ne peut pas être plus ou moins vraie : il en est de même (à parler exactement) de la conviction; on est convaincu ou on ne l'est pas : mais on peut avoir tort d'être convaincu.

Il n'y a pas de liaison nécessaire entre la conviction & la vérité d'une Proposition. La promptitude à se convaincre est un effet de l'ignorance : c'est par là que l'homme débute : le doute ne vient qu'aprés. Il est l'adolescence de notre esprit : le discernement du vrai & du faux en est l'age viril.

La vérité est dans l'objet : la conviction est dans l'esprit; & l'évidence dans l'effet que la chose produit sur les esprits en général. (o) Pour juger de cet effet, l'effet que nous éprouvons ne suffit pas : car cet effet n'est qu'un effet unique. L'expérience de la possibilité des paralogismes nous prouve cette insuffisance. Ce n'est que lors que nous voyons que cet effet est le même sur tous les esprits, ou du moins sur un très grand nombre d'esprits, que nous avons la conviction de l'évidence d'une Proposition & même d'une Démonstration Mathématique. Nous pouvons prévoir, j'en

(o) Pour qu'une Proposition soit évidente, il faut 1°. qu'elle soit vraie; 2°. qu'elle soit énoncée de manière que tous ceux qui sont en état de l'entendre, en reconnoissent la vérité.

conviens, qu'une démonſtration donnée ſera reconnu évidente par tous ceux qui la liront avec attention : mais quelqu'évidente qu'une démonſtration nous paroiſſe, je dis qu'elle ne l'eſt point ſi d'autres ne la trouvent point telle.

Il eſt aſſez ſimple par conſéquent qu'un Mémoire, fait de la manière que je le propoſe, produiſe plus d'effet, même ſur un Prince dont la volonté ſeroit parfaite, que n'en feroit ce même Mémoire, s'il n'étoit préſenté que par un ou quelques Particuliers : un homme prudent ſe méfie avec raiſon dans les grandes occaſions de ſes propres lumières, à plus forte raiſon de celles d'un autre dont le ſuffrage ſeroit iſolé.

Un Mémoire publié de cette manière produiroit deux autres très-grands effets.

1°. L'effet, qu'un Prince, qui ſuivroit le Plan qu'on y propoſeroit, dont l'utilité auroit été reconnue d'avance, inſpireroit une très-grande confiance au public. Or il importe d'autant plus à un Prince, qui auroit un tel projet, de convaincre d'avance la Nation de la pureté de ſes intentions, que tout projet, qui tend à ſimplifier l'adminiſtration, tendant par là-même à détruire ou à diminuer le Deſpotiſme des Subalternes & des Intriguants, trouvera toujours les plus grands obſtacles dans l'exécution. On cherchera toujours à exciter le Peuple, en le trompant, contre un Monarque en qui on appercevra de pareilles vues.

2°. Le ſecond effet ſeroit que la première convocation de la Nation, qui ſe feroit d'après ce Plan, ſeroit elle-même faite légalement, & pourroit même être cenſé faite de l'aveu de la Nation ; car, quand il n'y a pas d'autres moyens de procéder, on doit regarder comme légalement fait, ce qui se fait de l'aveu d'un grand nombre de personnes éclairées & désintéressées; & leur volonté peut en quelque sorte être censée la volonté raisonnable de la Nation.

Or si ce Mémoire pouvoit être fait de la manière que je viens de l'exposer, c'est-à-dire, signé & approuvé par un très-grand nombre de personnes de différentes Classes & sur-tout de différents Pays; de personnes respectables par leurs talents & leur probité; qu'il fût sans replique: qu'il fût énoncé de manière à ne pas laisser d'échappatoires à la mauvaise volonté de ceux qui voudroient en détourner le Prince; si l'on y prouvoit que le parti que l'on y propose, est le seul parti à prendre pour un Prince qui voudroit réellement le bien: qu'il faut par conséquent, que ce Prince s'y détermine, ou qu'il convienne tacitement que le bien général lui est indifférent: si au lieu d'adresser ce Mémoire à un Prince en particulier, on le rendoit public en Europe; & qu'il fût reconnu évident; alors je dis: il est impossible qu'il n'y ait pas au moins un Prince qui ne donne les mains au Plan qu'il contiendra; & je soutiens même, que tous les Princes ou presque tous l'adopteront: car il n'y a pas de Prince, ou du moins il y en a fort peu, même de ceux qui ne veulent pas le bien, qui voulussent avouer qu'ils ne le veulent pas. Or si le Mémoire étoit évident, ils feroient tacitement cet aveu en ne l'adoptant point.

Il n'y a personne qui ne sente que tous les Gouvernements actuels sont mauvais; & que la seule manière légale, pour établir un nouvel Ordre-social, seroit de procéder de concert avec la Nation. Or, si l'on prouvoit avec évidence 1°. que cette manière de procéder est possible, 2°.

qu'il n'y a pas de risque pour les Souverains, de convoquer la Nation d'une telle ou telle manière; il est clair qu'un Souverain, qui malgré ces preuves ne se détermineroit pas, prouveroit par là que le bien de l'Humanité ne lui tient pas à cœur. C'est ce raisonnement qui me fait dire que, si l'on publioit le Plan dont je parle, il seroit sûrement adopté : car il me paroît impossible que dans le nombre des Souverains existants en Europe, il n'y en ait pas un, dont la volonté ne soit bonne; & pas un qui ne tienne assez à l'Estime-publique, à la Gloire, pour ne pas lui faire quelques sacrifices.

Ainsi, si le Plan peut être bien fait, non-seulement on ne risque rien de le publier, mais il changera probablement la face des choses : si au contraire on croit ne pas pouvoir le bien faire, il ne faut donc pas dire que les Princes manquent de bonne-volonté. On ne peut pas accuser de manquer de bonne-volonté un homme, qui ne prend pas un parti de l'utilité & de la sûreté duquel on ne se sent pas la capacité de le convaincre. Quelque bonnes que soient les intentions d'un Monarque, comment voulez-vous qu'il se décide à convoquer la Nation, tant qu'il ne voit pas la possibilité de la faire représenter légalement, & tant qu'il a des doutes s'il n'expose pas la sûreté de la Nation par cette convocation.

Je sens la difficulté qu'il y a à réunir un très-grand nombre de personnes & à leur faire rédiger de concert un Ecrit qu'elles approuveroient, signeroient & publieroient. Je sens par conséquent la difficulté qu'il peut y avoir dans l'exécution du Mémoire que je desirerois de voir publier. Mais si l'on en croyoit l'idée absolument chymérique, les ennemis des Aſſemblées-Nationales auroient beau jeu. Ils diroient : ſi dans la Claſſe des perſonnes les plus éclairées & les plus vertueuſes en Europe on ne peut pas même en trouver deux cents ou cent qui vouluſſent agir de concert pour faire une démarche auſſi évidemment utile au Genre-humain, & auſſi peu dangereuſe pour elles-mêmes que le feroit celle que je propoſe, comment peut-on ſe flatter qu'on viendra à bout de faire agir raiſonnablement une Aſſemblée-Nationale & de former avec elle un nouvel Ordre-ſocial, ou du moins de convenir avec elle des moyens que l'on prendra pour l'établir ?

Il exiſte en Europe des Sociétés que j'ai nommé ſecrètes, non parce que leur exiſtence eſt un ſecret, mais *parce que leurs buts & leurs moyens ſont ſecrets.* Ces Sociétés ſont répandues dans tous les Pays : leurs Membres ont des moyens de communiquer entre eux avec plus de facilité, que nous autres Citoyens iſolés ne communiquons entre nous. Ces Sociétés forment des projets de concert & les exécutent : il me paroît que ces Sociétés auroient par conſéquent de grandes avances pour faire rédiger & publier un Mémoire tel que je le propoſe : & ſi elles veulent réellement le bien comme je le préſume, c'eſt d'elles que l'Humanité devroit attendre ce bienfait, d'autant plus qu'elles ont néceſſairement plus de lumières que nous dont les travaux ne ſont pas dirigés vers un centre commun.

Ces Sociétés penſent trop bien, pour dédaigner une idée, uniquement parce qu'elle auroit été conçue par un Profane. Il y a ſi loin de la ſimple conception à l'exécution, que la gloire ſeroit toute entière pour elles. Si le Mémoire fait effet, les

Nations leur devront leur bonheur : & s'il n'en fait pas, ce sera une tentative, inutile à la vérité; mais les hommes perdent si souvent leurs peines quand ils cherchent à nuire, que l'on peut bien, ce me semble, sacrifier quelques loisirs, au risque que ce soit sans fruit, quand il est question du bonheur du Genre-humain.

S'il paroît un tel Mémoire; si, après qu'il aura eu le temps de mûrir, de se naturaliser pour ainsi dire dans les Esprits, il est reconnu sans replique, & qu'il ne détermine pas les Monarques, alors j'avouerai que leur volonté n'est pas bonne. Jusques là on me permettra d'en douter; comme on me permettra, si le Mémoire ne paroît pas, de douter de la bonne volonté, ou du moins des lumières de ceux que j'ose sommer de le faire paroître.

Si les Monarques, me dit-on, demandent de quel droit on publie un tel Mémoire, que leur répondra-t-on? On leur répondra que c'est du droit qu'a tout homme de dire hautement son avis : droit auquel les Souverains n'ont pas de droit de mettre des obstacles, tant que l'on n'agit pas, que l'on se borne à éclairer, & surtout qu'on ne se mêle pas des affaires des autres. Or 1°. le Mémoire, dont je propose la publication, n'a pas d'autre but que d'éclairer : 2°. la formation d'un nouvel Ordre-social est la Cause de tout le monde; toutes nos personnes y sont intéressées : & 3°. on ne nous disputera pas, je crois, les droits de veiller sur nous-mêmes.

Mais qu'on se tranquillise, les Monarques, s'ils sont sages, ne feront pas cette question. Loin de savoir mauvais gré à celui qui leur indiquera les moyens de procéder légalement à la formation d'un nouvel Ordre-social, ils lui en sauront le plus grand gré : car, ſi cet Ordre-ſocial peut être bien fait (& il eſt probable qu'il ſera bien fait ſi la Nation eſt *légalement* repréſentée) au lieu de perdre de leur Pouvoir, ils en obtiendront ſûrement plus qu'ils n'en ont. Le Gouvernement Monarchique, dans le calme d'une délibération d'hommes déſintéreſſés, obtiendra toujours la préférence : & la partie arbitraire de leur Pouvoir qu'ils ſacrifieront, leur ſera rendue au centuple par la deſtruction du Pouvoir des Subalternes & des Intriguants, & par la légalité même avec laquelle le nouvel Ordre-ſocial ſera établi.

FIN.

www.ingramcontent.com/pod-product-compliance
Ingram Content Group UK Ltd.
Pitfield, Milton Keynes, MK11 3LW, UK
UKHW021109260726
13994UKWH00002B/803

9 782329 456492